Collection dirigée par Jean-Pi

CW01664068

S'EXPRIMER EN ESPAGNOL

CHANTAL CHARTIER
Université de Rennes I

MARIE DELPORTE
Lycée Turgot, Paris

Agrégées de l'Université

ellipses

Des mêmes auteurs chez le même éditeur

Bac 2000 espagnol

Abréviations et signes utilisés

adj. : adjectif
c.o.d. : complément d'objet direct
c.o.i. : complément d'objet indirect
condit. : mode conditionnel
fam. : familier
fém. : féminin
gér. : gérondif
imp. : imparfait
ind. : mode indicatif
inf. : infinitif
irrég. : irrégulier
masc. : masculin
pers. : personnel
pl. : pluriel
poss. : possessif
pp. : participe passé
prés. : présent
pron. : pronom
qqch. : quelque chose
qqn. : quelqu'un
sing. : singulier
subj. : mode subjonctif
v. : vers
vb. : verbe
(ie) / (ue) signale que le verbe diphtongue
(i) / (u) signale que le verbe s'affaiblit
= indique un synonyme
≠ indique un antonyme

EDITION MARKETING
EDITEUR DES PREPARATIONS
GRANDES ECOLES MEDECINE
32, rue Bargue 75015 PARIS

ISBN 2-7298-9492-6

Préface

Cet ouvrage s'adresse à tous les élèves de lycée et aux étudiants de 1er cycle, que l'espagnol soit leur première ou leur deuxième langue. Il a été conçu comme un outil pratique, utilisable à tout moment, en classe (pour les cours ou les devoirs) comme à la maison (pour le travail personnel : leçons, travaux écrits ou révisions). Son objectif est linguistique et méthodologique. Il propose le matériau nécessaire à l'expression orale ou au commentaire écrit de documents, afin d'aider chacun à acquérir une autonomie linguistique et à consolider la pratique d'une langue claire et idiomatique.
Il comporte six parties.

La première, **Décrire**, fournit le vocabulaire qu'il convient de connaître pour présenter, dans une langue précise, un document textuel, iconographique ou sonore. Chaque unité est accompagnée d'une réflexion sur la nature du document et sur la méthode d'approche qu'elle induit.

La seconde partie, **Analyser**, est méthodologique et propose une aide au commentaire. Elle comporte 14 documents analysés selon des axes essentiels. Chaque étude est précédée d'une courte explication, en français, de l'approche choisie. Des notions de base y sont redéfinies : qu'est-ce qu'une structure, un narrateur, un champ lexical, un ton...?

La troisième partie, **Commenter**, comprend une série de phrases numérotées et classées par rubriques. Elles sont traduites et annotées en regard pour inviter à une réflexion grammaticale. Elles ont été conçues pour aider à rendre compte d'un document, à nuancer sa pensée et à prendre position, tout en offrant un capital linguistique.

La quatrième partie, **Dialoguer**, suggère, pour améliorer la qualité de la langue orale usuelle, des exemples d'interventions que l'étudiant est amené à faire en classe, en situation de dialogue.

La cinquième partie, **S'entraîner**, se compose de 15 textes courts d'auteurs contemporains, assortis de vocabulaire traduit et de propositions de "lecture" afin que l'élève s'exerce seul à mettre en pratique les conseils qui lui ont été donnés précédemment.

La sixième partie, intitulée **Mots d'articulation et verbes**, fournit les connecteurs qui font souvent défaut pour construire une étude structurée, ainsi que les verbes indispensables au commentaire, classés par ordre alphabétique.

Les auteurs

Table des matières

Première partie :
DÉCRIRE

I. Le texte d'auteur

Le texte dit "d'auteur" est un texte écrit par un écrivain (romancier, essayiste, poète ou dramaturge) auquel on reconnaît une valeur littéraire. On commencera par observer, puis présenter l'extrait proposé en précisant le genre auquel il appartient (roman, tragédie, épopée, sonnet, poème en prose...). On essaiera d'expliciter le propos de l'auteur et son regard sur ce qu'il montre en observant comment il l'exprime, car la manière de dire est aussi signifiante que ce qui est dit. Il s'agira donc de répondre aux 5 questions : ***qui*** *parle,* ***quand***, ***où***, *de* ***quoi*** *parle-t-il et* ***comment*** *le dit-il (sans séparer fond et forme). On soulignera enfin ce qui fait l'originalité de l'extrait, son intérêt et sa portée. (pour l'analyse : cf. deuxième partie)*

el texto; el trozo	*le texte ; l'extrait*
fue escrito por	*a été écrit par*
está sacado de	*est tiré de*
una obra maestra	*un chef d'œuvre*
una obra famosa	*une œuvre célèbre*
la novela; el cuento	*le roman ; le conte*
el novelista; el cuentista	*le romancier ; le conteur*
el escritor, la escritora	*l'écrivain*
el narrador, la narradora	*le narrateur, la narratrice*
un autor clásico	*un auteur classique*
una autora contemporánea	*un auteur contemporain*
el lector, la lectora	*le lecteur, la lectrice*
el punto de vista	*le point de vue*
en tercera persona	*à la troisième personne*
autobiográfico, a	*autobiographique*
el título; titularse	*le titre ; s'intituler*
este fragmento trata de...	*cet extrait traite de...*
en esta página se trata de...	*dans cette page il s'agit de...*
la escena; los protagonistas	*la scène ; les protagonistes*
el personaje; el héroe, la heroína	*le personnage ; le héros, l'héroïne*
la acción pasa, se desarrolla, transcurre	*l'action se passe, se déroule*
el poema; la estrofa	*le poème ; la strophe*
el soneto; el romance	*le sonnet ; le* romance

el poeta, la poetisa	*le poète, la poétesse*
el verso; el octosílabo	*le vers ; l'octosyllabe*
la consonante; la vocal; el sonido	*la consonne ; la voyelle ; le son*
la asonancia; la consonancia	*l'assonance ; la consonance*
el ritmo fluido ≠ entrecortado	*le rythme fluide ≠ saccadé*
la ruptura ≠ el lazo, el vínculo	*la rupture ≠ le lien*
la bisagra	*la charnière*
los recursos estilísticos	*les procédés stylistiques*
un giro	*une tournure*
la aliteración; la musicalidad	*l'allitération ; la musicalité*
la redundancia; redundante	*la redondance ; redondant*
la metáfora; la anáfora	*la métaphore ; l'anaphore*
una imagen acertada, sugestiva	*une image réussie, suggestive*
la comparación; comparar con	*la comparaison ; comparer à*
el tópico	*le lieu commun, le cliché*
la elipsis; el apóstrofe	*l'ellipse ; l'apostrophe*
la palabra polisémica	*le mot polysémique*
las palabras clave	*les mots-clés*
términos antitéticos	*des termes antithétiques*
la inversión; invertir (ie, i)	*l'inversion ; inverser*
el calificativo antepuesto	*le qualificatif placé devant*
encabezar el verso	*être en tête du vers*
colocar una palabra	*placer un mot*
el encabalgamiento	*l'enjambement, le rejet*
poner de relieve, de realce	*mettre en valeur*
recurrir a; valerse de	*recourir à ; utiliser*
la obra de teatro; el dramaturgo	*la pièce de théâtre ; le dramaturge*
el escenógrafo; la escenografía	*le metteur en scène ; la mise en scène*
la escena; el acto	*la scène ; l'acte*
salir a escena	*entrer en scène*
estar en el escenario	*être sur scène*
entre bastidores	*en coulisse*
el drama; la tragedia; la comedia	*le drame ; la tragédie ; la comédie*
el enredo	*l'intrigue*
una progresión dramática	*une progression dramatique*
una ruptura de tono	*une rupture de ton*
una escena trágica	*une scène tragique*
jocoso, a; gracioso, a	*amusant ; drôle*
la acotación escénica	*l'indication scénique*
un parlamento; monologar	*une tirade ; monologuer*

una réplica	*une réplique*
el papel; hacer de	*le rôle ; jouer le rôle de*
el desenlace	*le dénouement*
el decorado	*le décor*
el principio ≠ el final	*le début ≠ la fin*
comenzar (ie) ≠ acabar	*commencer ≠ terminer*
iniciar el párrafo	*débuter le paragraphe*
la extensión del párrafo	*la longueur du paragraphe*
concluir el trozo	*conclure le passage*
el monólogo ≠ el diálogo	*le monologue ≠ le dialogue*
el relato; la descripción	*le récit ; la description*
relatar; narrar; contar (ue)	*relater ; narrer ; raconter*
describir; evocar	*décrire ; évoquer*
exponer; aludir	*exposer ; faire allusion*
la estructura; constar de	*la structure ; se composer de*
el primer movimiento	*le premier mouvement*
el hilo conductor	*le fil conducteur*
la frase siguiente	*la phrase suivante*
en la tercera línea	*à la troisième ligne*
los procedimientos literarios	*les procédé littéraires*
el sustantivo; el adjetivo	*le substantif ; l'adjectif*
el verbo; el adverbio	*le verbe ; l'adverbe*
el demostrativo; el posesivo	*le démonstratif ; le possessif*
la sintaxis de la frase	*la syntaxe de la phrase*
la coma; el guión	*la virgule ; le tiret*
las comillas; el paréntesis	*les guillemets ; la parenthèse*
los puntos suspensivos	*les points de suspension*
el signo de admiración; de interrogación	*le point d'exclamation ; d'interrogation*
un estilo conciso, denso	*un style concis, dense*
un estilo rebuscado ≠ escueto, depurado	*un style recherché ≠ dépouillé*
un lenguaje coloquial	*un langage familier*
unas frases cortas ≠ largas	*des phrases courtes ≠ longues*

II. L'article de presse

L'article est un document qui en général traite de l'actualité. Le journaliste expose des faits, les commente, pose un problème, cherche à susciter un débat. Aussi le commentaire d'un article de presse ne concerne-t-il pas tant la forme que le contenu. Toutefois l'auteur de l'article peut se valoir de jeux de mots, de sous-entendus ; le ton peut être ironique, sarcastique, etc. Commenter un article consiste donc à résumer les idées présentées, tout en repérant éventuellement les effets de style, et à les accompagner d'observations personnelles, d'exemples illustrant les propos tenus. Autrement dit, il s'agit de montrer que l'on a compris ce qui est dit par le journaliste et que l'on est capable de soutenir une conversation sur un thème donné.

los medios informativos, de comunicación	*les médias*
un artículo de prensa	*un article de presse*
un comunicado de cierre	*un communiqué de dernière minute*
un recorte de prensa	*une coupure de presse*
la prensa del corazón	*la presse du coeur*
un periódico de difusión nacional	*un journal d'audience nationale*
la prensa cotidiana nacional	*la presse quotidienne nationale*
un nuevo diario	*un nouveau quotidien*
publicar una revista especializada	*éditer un magazine spécialisé*
una revista de prensa	*une revue de presse*
una rueda de prensa	*une conférence de presse*
una revista del motor	*une revue auto-moto*
un semanario deportivo	*un hebdomadaire sportif*
una revista semanal, mensual	*une revue hebdomadaire, mensuelle*
una revista de información femenina	*une revue féminine*
un ejemplar	*un exemplaire*
la separata, el suplemento	*le supplément*
la suscripción; el suscriptor	*l'abonnement ; l'abonné*
el periódico se publicó...	*le journal a paru…*
este artículo apareció, salió en...	*cet article a été publié dans...*
la edición; la tirada	*l'édition ; le tirage*
El número está agotado.	*Le numéro est épuisé.*
el quiosco (de periódicos)	*le kiosque à journaux*

la portada, la cubierta	*la page de couverture*
la primera plana o página	*la première page*
en primera plana	*à la une*
ser la comidilla de la actualidad	*faire la une, défrayer la chronique*
la compaginación, la maquetación	*la mise en page*
los titulares	*les gros titres*
el título; el subtítulo	*le titre ; le sous-titre*
la columna; el párrafo; la línea	*la colonne ; le paragraphe ; la ligne*
un titular de dos columnas	*un titre sur deux colonnes*
un gráfico, un cuadro	*un tableau*
la rúbrica, la sección	*la rubrique*
los anuncios breves	*les petites annonces*
cartas al director	*courrier des lecteurs*
la cartelera	*les spectacles*
el tiempo	*la météo*
las noticias	*les nouvelles*
relatar; referir (ie, i)	*raconter ; rapporter*
enterarse de que	*apprendre que*
un asunto de actualidad	*un thème d'actualité*
los hechos	*les faits*
los sucesos	*les faits divers*
un acontecimiento, un evento	*un événement*
lo que pasa, sucede, ocurre	*ce qui se passe*
acaecer, acontecer	*arriver, avoir lieu, survenir*
facilitar datos	*fournir des renseignements*
un artículo sacado de	*un article extrait de*
redactar un editorial	*rédiger un éditorial*
un reportaje	*un reportage*
una entrevista o interviú	*une interview*
entrevistar a, entrevistarse con	*interviewer, avoir un entretien avec*
un testimonio	*un témoignage*
una encuesta, un sondeo	*une enquête, un sondage*
según las estadísticas	*selon les statistiques*
las cifras; el porcentaje	*les chiffres ; le pourcentage*
el veinte por ciento	*vingt pour cent*
un (una) periodista, articulista	*un (une) journaliste*
el corresponsal	*le correspondant*
un reportero, un repórter	*un reporter*
el testigo presencial	*le témoin oculaire*
el tema, el asunto	*le sujet , la question, le thème*

la claridad en la exposición del tema	*la clarté dans l'exposition du sujet*
un problema candente	*une question brûlante*
un comentario partidario	*un commentaire partisan, partial*
una información tendenciosa	*une information tendancieuse*
imparcial, objetivo	*impartial, objectif*
la falta de objetividad	*le manque d'objectivité*
matizar su juicio	*nuancer son jugement*
convincente ≠ increíble	*convaincant ≠ incroyable*
según fuentes solventes, fidedignas	*selon des sources sûres , dignes de foi*
saber de buena tinta	*savoir de bonne source*
en exclusiva	*en exclusivité*
dar a conocer	*faire connaître, révéler*
silenciar, pasar por alto	*passer sous silence*
un mentís	*un démenti*
insinuar, dar a entender que	*insinuer, laisser entendre que*
compartir la opinión de	*partager l'opinion de*
tomar partido por ≠ en contra de	*prendre parti pour ≠ contre*
ser contrario a, estar en contra de	*être opposé à, être contre*
ser partidario de, estar por	*être favorable à, être pour*
abogar por	*plaider en faveur de*
un alegato	*un plaidoyer*
un artículo comprometido	*un article engagé*
plantear un problema	*poser un problème*
sin planteárselo	*sans se poser la question*
cuestionar, poner en cuestión	*mettre en question*
poner en tela de juicio	*remettre en question*
poner en entredicho	*mettre en doute ; remettre en cause*
Subsiste un interrogante.	*Une question demeure.*
cambiar de tema	*changer de sujet*
derivar	*découler*
poner de manifiesto	*mettre en évidence*
acertar (ie)	*viser juste*
acertadamente	*judicieusement*
cabe pensar que...	*il y a lieu de penser que...*
el ámbito	*le domaine, le milieu*
mirar el problema bajo el aspecto...	*considérer le problème sous l'aspect...*
enfocar el problema	*envisager le problème*
un eje	*un axe*
aducir o esgrimir un argumento	*avancer ou brandir un argument*

III. La photo, la séquence filmique

Une photo est à la fois porteuse d'informations et d'émotions. Sa présentation ne pourra se limiter à la pure description, à un inventaire – si minutieux soit-il – de ce que capte l'œil. On dira ce que l'on voit (aspect dénotatif, objectif) et ce que la photo évoque par association et qui va dépendre du contexte, du photographe et du spectateur (aspect connotatif). Puis on essaiera de découvrir les moyens qui ont été mis en œuvre par l'artiste pour construire l'image et pour orienter le regard. La photo n'étant pas purement le fruit du hasard on dégagera le point de vue que le photographe a choisi de donner. Il faudra donc être attentif aux divers éléments qui constituent la photo (composition, cadrage, angle de prise de vue, choix de la focale – téléobjectif, grand angle... –, lumière, jeu des couleurs), qui lui donnent un sens, une originalité, une valeur artistique et qui suscitent une émotion.

Pour étudier la séquence filmique, on tiendra compte à la fois de la technique cinématographique mise au service du scénario (place et mouvements de la caméra, angles de prise de vue, échelles des plans, cadrages, bande-son...), du texte des dialogues et du jeu des acteurs. Chaque élément ne sera pas envisagé isolément. On cherchera plutôt à mettre en évidence les correspondances qui existent entre eux et qui soulignent, renforcent une intention, un effet, et produisent du sens.

sacar una foto	*prendre une photo*
la foto fue sacada	*la photo a été prise*
reciente	*récent*
el pie	*la légende*
el fotógrafo; la máquina fotográfica	*le photographe ; l'appareil photo*
en blanco y negro ≠ a todo color	*en noir et blanc ≠ en couleurs*
el fotograma; el fotomontaje	*le photogramme ; le photomontage*
una instantánea	*un instantané*
el movimiento	*le mouvement*
el encuadre; encuadrar	*le cadrage ; cadrer*
la angulación	*l'angle de prise de vue*
un picado ≠ un contrapicado	*une plongée ≠ une contreplongée*
el objetivo; el teleobjetivo	*l'objectif ; le téléobjectif*
el gran angular	*le grand angle*

el (la) contraluz	*le contrejour*
el enfoque; enfocar	*la mise au point ; faire la mise au point*
un trasfondo enfocado ≠ desenfocado	*un arrière-plan net ≠ flou*
de gran nitidez	*d'une grande netteté*
nítido, a ≠ borroso, a	*net ≠ flou*
la profundidad de campo	*la profondeur de champ*
en primer (último) término	*au premier (dernier) plan*
arriba ≠ abajo	*en haut ≠ en bas*
en la parte superior ≠ inferior (de la foto)	*en haut ≠ en bas (de la photo)*
en el centro; al fondo	*au centre; au fond*
delante (de) ≠ detrás (de)	*devant ≠ derrière*
a la derecha ≠ a la izquierda	*à droite ≠ à gauche*
en el ángulo	*dans le coin*
lejos ≠ cerca	*loin ≠ près*
al lado de, junto a	*à côté de, près de*
estar de frente, de espaldas, de perfil	*être de face, de dos, de profil*
la iluminación	*l'éclairage*
la luz frontal, lateral	*la lumière de face, latérale*
iluminar; reflejarse	*éclairer ; se refléter*
claro, a; la claridad	*clair ; la clarté*
oscuro, a; la oscuridad	*sombre ; l'obscurité*
las sombras	*les ombres*
el claroscuro	*le clair-obscur*
el contraste; contrastar	*le contraste ; contraster*
un color apagado ≠ vivo	*une couleur terne ≠ vive*
un retrato; un paisaje	*un portrait ; un paysage*
posar	*poser*
un conjunto	*un ensemble, un groupe*
una vista panorámica	*une vue panoramique*
una escena callejera	*une scène de rue*
mostrar (ue), enseñar	*montrer*
a primera vista	*à première vue*
divisar; distinguir	*apercevoir ; distinguer*
destacarse; recortarse	*se détacher ; se découper*
en el horizonte	*à l'horizon*
a lo lejos se divisa	*au loin on aperçoit*
hasta perderse de vista	*à perte de vue*
un detalle	*un détail*
con vista parcial	*en amorce*

se desprende una sensación de...	*il se dégage une sensation de...*
el director de cine	*le réalisateur*
el operador	*le cameraman*
rodar una película	*tourner un film*
un documental	*un documentaire*
un guión; un guionista	*un scénario ; un scénariste*
un argumento basado en...	*un sujet inspiré de...*
llevar a la pantalla	*porter à l'écran*
en escenarios naturales	*en décor naturel*
la secuencia	*la séquence*
un plano de conjunto	*un plan d'ensemble*
un plano medio	*un plan moyen*
un plano americano	*un plan américain*
un primer plano	*un gros plan*
planos alternados	*plans alternés*
el cambio de plano	*le changement de plan*
los movimientos de la cámara	*les mouvements de la caméra*
el travelín; la panorámica	*le travelling ; le panoramique*
el montaje paralelo	*le montage parallèle*
a cámara lenta	*au ralenti*
la banda de sonido	*la bande son*
grabar el sonido	*enregistrer le son*
la voz en off	*la voix off*
la ambientación	*le bruitage, l'ambiance*
el campo contra campo	*le champ-contrechamp*
estar fuera de campo	*être hors champ*
un actor, una actriz	*un acteur, une actrice*
un(a) intérprete	*un(e) interprète*
una película protagonizada por	*un film interprété par*
un actor secundario	*un second rôle*
un actor famoso	*un acteur célèbre*
actuar; trabajar	*jouer*
interpretar el papel de	*jouer le rôle de*
la actuación de las actrices	*le jeu des actrices*
los gestos	*les expressions du visage*
los ademanes	*les gestes*
ser expresivo	*être expressif*
el talento; talentoso, a	*le talent ; talentueux*
el espectador	*le spectateur*

IV. Le tableau

Pour commenter un tableau, on peut commencer par décrire ce qui est représenté. Toutefois il faut éviter une observation désordonnée. La composition du tableau, les divers plans peuvent être un guide pour cette exploration. Les couleurs jouent toujours un rôle fondamental. Le tableau peut susciter une émotion, comporter un intérêt historique ou social, un message. Une observation détaillée, une analyse plus approfondie n'interdisent pas un commentaire très personnel.

el cuadro; el lienzo	*le tableau ; la toile*
el arte pictórico	*l'art pictural*
la pintura (el arte); el pintor	*la peinture (l'art) ; le peintre*
la pintura; pintar	*la peinture ; peindre*
las Bellas Artes; el artista	*les Beaux Arts ; l'artiste*
la vanguardia artística	*l'avant-garde artistique*
el academicismo	*l'académisme*
dibujar, diseñar	*dessiner*
el dibujo a lápiz	*le dessin au crayon*
esbozar; un esbozo	*esquisser ; une esquisse*
la iconografía	*l'iconographie*
un grabado, una lámina	*une gravure, une planche*
un mural, un fresco	*une fresque murale*
el retrato; retratar a	*le portrait ; faire le portrait de*
el paisaje; la naturaleza	*le paysage ; la nature*
el bodegón	*la nature morte*
el decorado	*le décor*
la escena histórica	*la scène historique*
el pintor y su modelo	*le peintre et son modèle*
representar; la representación	*représenter ; la représentation*
si nos fijamos en...	*si nous observons...*
la composición; la estructura	*la composition ; la structure*
la disposición; el conjunto	*la disposition ; l'ensemble*
una línea atraviesa el lienzo	*une ligne traverse le tableau*
una curva ≠ una línea recta	*une courbe ≠ une ligne droite*
el punto de fuga	*le point de fuite*
dentro de un círculo	*à l'intérieur d'un cercle*
en un triángulo; un rectángulo	*dans un triangle ; un rectangle*

el áureo número	*le nombre d'or*
la desproporción	*la disproportion*
el primer plano (término)	*le premier plan*
al fondo	*au fond*
en la parte superior	*dans la partie supérieure, en haut*
en la parte inferior	*dans la partie inférieure, en bas*
arriba a la izquierda	*en haut à gauche*
abajo a la derecha	*en bas à droite*
arriba del todo; abajo del todo	*tout en haut ; tout en bas*
un poco más arriba	*un peu plus haut*
de izquierda a derecha	*de gauche à droite*
mirar de arriba abajo	*regarder de haut en bas*
este detalle muestra...	*ce détail montre...*
delante ≠ detrás	*sur le devant ≠ à l'arrière*
detrás del personaje	*derrière le personnage*
el pintor delante del caballete	*le peintre devant son chevalet*
en medio de	*au milieu de*
ocupa la mitad del cuadro	*occupe la moitié du cadre*
en el ángulo derecho, izquierdo	*dans l'angle droit, gauche*
el color; multicolor	*la couleur ; multicolore*
un color vivo ≠ apagado	*une couleur vive ≠ terne*
cálido, a ≠ frío, a	*chaud ≠ froid*
un matiz	*une nuance*
una tonalidad oscura	*une tonalité foncée*
pintar en camafeo	*peindre en camaïeu*
el claroscuro	*le clair-obscur*
el contraste; contrastar	*le contraste ; contraster*
el juego de la luz	*le jeu de la lumière*
el modelado	*le modelé*
una pincelada, un toque	*un coup de pinceau, une touche*
el proceso creador	*le processus de création*
la subjetividad del individuo	*la subjectivité de l'individu*
una imaginación desbocada	*une imagination débridée*
dar rienda suelta a su imaginación	*donner libre cours à son imagination*
la interiorización	*l'intériorisation*
el reflejo de sus demonios interiores	*le reflet de ses démons intérieurs*
la expresividad ≠ la inexpresividad	*l'expressivité ≠ l'inexpressivité*
una pintura despojada de artificiosidades	*une peinture dépouillée de tout artifice*
decorativo; figurativo; abstracto	*décoratif ; figuratif ; abstrait*

un aspecto realista	*un aspect réaliste*
un retrato pintado del natural	*un portrait peint d'après nature*
un realismo teñido de misterio	*un réalisme teinté de mystère*
con un carácter expresionista	*d'un caractère expressionniste*
poseer el dominio de Picasso	*avoir la maîtrise de Picasso*
una metáfora visual	*une métaphore visuelle*
la fragmentación, la deformación	*la fragmentation, la déformation*
una forma de captar el mundo	*une manière d'appréhender le monde*
las aportaciones estéticas de...	*l'apport esthétique de...*
transgredir las normas	*transgresser les normes*
el compromiso del artista frente a...	*l'engagement de l'artiste face à...*
mirar más allá de la superficie de las cosas	*regarder au delà de l'apparence des choses*
encontrar el significado profundo	*trouver le sens profond*
replantearse su propia mirada	*s'interroger sur son propre regard*
la exposición celebrada en...	*l'exposition qui s'est tenue à...*

V. Le dessin humoristique

Le dessin humoristique a pour objet de faire rire ou sourire mais aussi réfléchir ; l'humour peut être sarcastique, satirique, noir, etc. ; à partir de la description (organisation, graphisme : texte et dessin), il s'agit de s'attacher à démonter les mécanismes, les ressorts du rire et d'en tirer une réflexion sur la satire morale, sociale ou politique qui en découle.

el dibujante, el humorista	*le dessinateur, l'humoriste*
El dibujo mueve a risa.	*Le dessin fait rire.*
Me hace gracia este personaje.	*Ce personnage me fait rire.*
el humorismo, la gracia	*l'humour*
el humor negro	*l'humour noir*
un tebeo	*une revue de bandes dessinées*
Un cómic consta de tiras.	*Une BD comporte des bandes.*
una tira de Mafalda	*une bande dessinée de Mafalda*
esta historieta nos brinda una visión...	*cette BD nous offre une vision...*
las posturas	*les positions*
lo cómico estriba en...	*le comique repose sur...*
chistoso, gracioso, a	*spirituel*
lo divertido; lo sorprendente	*ce qui est amusant ; ce qui surprend*
lo inesperado, insólito	*ce qui est inattendu, insolite*
un efecto de sorpresa	*un effet de surprise*
el tamaño de la viñeta	*la taille du dessin*
en la viñeta siguiente	*dans le dessin suivant*
el globo (bocadillo) anuncia...	*la bulle annonce...*
la onomatopeya	*l'onomatopée*
el trazo	*le trait*
un grafismo sobrio, elaborado, estilizado	*un graphisme sobre, élaboré, stylisé*
el pie del dibujo	*la légende du dessin*
Corre el globo por toda la tira.	*La bulle traverse toute la bande.*
la continuidad narrativa	*la continuité narrative*
dilatar o condensar el tiempo	*dilater ou condenser le temps*
la desproporción da a entender que...	*la disproportion laisse entendre que...*
el encuadre, los planos	*le cadrage, les plans*
un desajuste, un desfase	*un décalage*
denunciar; criticar; caricaturizar	*denoncer ; critiquer ; caricaturer*

esquematizar; exagerar	*schématiser ; exagérer*
burlarse de; escarnecer	*se moquer de ; railler*
satírico; sarcástico; caricaturesco	*satirique ; sarcastique ; caricatural*
La sátira es un arma eficaz.	*La satire est une arme efficace.*
fustigar	*fustiger*
una crítica mordaz	*une critique très vive*
desea que reflexionemos sobre...	*il souhaite que nous réfléchissions à...*
quiere que tomemos conciencia de...	*il veut que nous prenions conscience de...*

VI. La publicité

Une annonce publicitaire a pour but d'attirer l'attention d'un spectateur, acheteur ou utilisateur potentiel d'un produit ou d'un service. Un certain nombre de moyens sont mis en oeuvre pour séduire et convaincre. Slogan, photo, dessin, texte, typographie, tout concourt à atteindre cet objectif. Le slogan et le texte éventuel sont en général très travaillés par le concepteur. Une étude minutieuse de l'organisation des divers éléments de la publicité est donc nécessaire pour démonter les mécanismes de son impact. Il s'agit d'analyser la sémiologie du message publicitaire, c'est-à-dire d'étudier la signification de ce message à travers ses mots et ses images. Enfin, un regard critique est souhaitable pour prendre du recul par rapport au document lui-même, donner son opinion sur la conception et l'objectif de l'annonce, ou encore émettre un jugement plus général sur la publicité.

un anuncio, una publicidad	*une annonce, une publicité*
los soportes publicitarios	*les supports de publicité*
un cartel	*une affiche*
una valla	*un panneau d'affichage*
un rótulo, un letrero	*une enseigne*
un spot publicitario (en TV)	*un spot publicitaire*
folletos	*des prospectus*
una pegatina	*un autocollant, un badge*
una chapita	*un pin's*
las marquesinas	*les abribus*
una campaña publicitaria	*une campagne publicitaire*
el anunciante, el publicista	*l'annonceur, l'agent publicitaire*
el objetivo del agente de publicidad	*le but de l'agent publicitaire*
el creativo (publicitario)	*le concepteur publicitaire*
una agencia de publicidad	*une agence de publicité*
patrocinar; el patrocinador	*sponsoriser ; le sponsor*
el patrocinio, la esponsorización	*le sponsoring*
mejorar la imagen de marca	*améliorer l'image de marque*
la competencia; el competidor	*la concurrence ; le concurrent*
competidor, competitivo	*concurrentiel*
un precio competitivo	*un prix compétitif*
una tarifa preferencial	*un tarif préférentiel*

el logotipo	*le logo (signe distinctif de la marque)*
la notoriedad de una marca	*la notoriété d'une marque*
un anuncio dirigido al niño	*une annonce qui s'adresse aux enfants*
los receptores del mensaje publicitario	*les récepteurs du message publicitaire*
orientar al consumidor	*orienter le consommateur*
informar al usuario	*informer l'usager*
un gran consumidor de...	*un gros consommateur de...*
el comprador, el adquirente	*l'acheteur, l'acquéreur*
un cliente potencial	*un client potentiel*
el público objetivo	*le public ciblé*
saber enfocar	*savoir cibler*
el perfil del consumidor-tipo	*le profil du consommateur type*
los estereotipos, los clisés	*les stéréotypes, les clichés*
promover (ue) un producto	*promouvoir un produit*
una campaña de promoción	*une campagne de promotion*
pregonar, ensalzar las cualidades	*vanter les qualités*
componerse de varios elementos	*se composer de différents éléments*
el lema, el eslogan (los eslóganes)	*le slogan*
la sigla	*le sigle*
la tipografía; las mayúsculas	*la typographie ; les capitales*
en negrilla; en cursiva	*en caractères gras ; en italique*
el tamaño; el grosor	*la taille ; la grosseur*
los caracteres de imprenta	*les caractères d'imprimerie*
un recuadro	*un encadré*
el diseño gráfico	*le graphisme*
de buenas a primeras	*à première vue*
la primera impresión	*la première impression*
el gancho; el impacto	*l'accroche ; l'impact*
conseguir (i) captar la mirada	*réussir à capter le regard*
asir, atrapar, enganchar	*accrocher*
impactante, llamativo	*accrocheur*
las técnicas persuasivas	*les techniques de persuasion*
condicionar el comportamiento	*conditionner le comportement*
valerse de colores llamativos	*se servir de couleurs voyantes*
lo atractivo del envase	*l'attrait de l'emballage*
presentarse en un decorado ensoñador	*se présenter dans un décor de rêve*
la componente afectiva	*la composante affective*
apelar al placer, al éxito	*faire appel au plaisir, au succès*
atraer, seducir al cliente	*attirer, séduire le client*

el encanto de la modelo	*le charme du mannequin*
picar (el anzuelo)	*mordre (à l'hameçon)*
despertar (ie) el interés	*éveiller l'intérêt*
dar ganas de...	*donner envie de...*
sentir (ie, i) el deseo de ...	*ressentir le désir de ...*
la incitación a la compra	*l'incitation à l'achat*
adquirir el producto	*acquérir le produit*
el reflejo condicionado	*le réflexe conditionné*
los bienes de consumo	*les biens de consommation*
el consumo de los hogares	*la consommation des ménages*
el consumismo; consumir	*le consumérisme ; consommer*
la lógica consumista	*la logique consumériste*
influir en los hábitos de comportamiento	*influencer les habitudes de vie*
exigir calidad	*exiger la qualité*
la dimensión informativa	*la dimension informative*
valerse de imperativos, de superlativos	*se servir d'impératifs, de superlatifs*
desviar el sentido	*détourner le sens*
el doble sentido; el juego de palabras	*le double sens ; le jeu de mots*
el bombardeo publicitario; bombardear	*le matraquage publicitaire; matraquer*
insinuar; sugerir (ie, i)	*insinuer ; suggérer*
callar; ocultar	*passer sous silence ; cacher*
alcanzar su meta	*atteindre son but*
lograr persuadir	*réussir à persuader*
una publicidad acertada, eficaz	*une publicité réussie, efficace*
una publicidad engañosa, falaz	*une publicité mensongère*

VII. Le document sonore

Après avoir écouté très attentivement le document sonore plusieurs fois, il faudra, en premier lieu en préciser la nature, ce qui nous guidera dans notre façon de l'aborder. Il pourra s'agir en effet de documents très divers : spot publicitaire, débat, reportage, chanson... Pour en rendre compte, il ne faudra pas se limiter à en dégager le sujet mais être attentif au point de vue ou à l'intention du ou des locuteurs. Il faudra aussi caractériser le ton, le débit de la voix, apprécier le rôle du matériau sonore et prêter une oreille critique au document entendu.

al escuchar por primera vez	*à la première écoute*
el magnetófono	*le magnétophone*
una cinta	*une bande (magnétique)*
un casete	*une cassette*
el estéreo con auriculares	*le baladeur*
los auriculares	*les écouteurs ; le casque*
oír; escuchar	*entendre ; écouter*
entender (ie)	*comprendre*
grabar; el sonido	*enregistrer ; le son*
la grabación sonora	*l'enregistrement sonore*
la calidad del sonido	*la qualité du son*
entrevista radiofónica	*entretien radiophonique*
entrevistar a uno	*interviewer quelqu'un*
el entrevistador ≠ el entrevistado	*l'interviewer ≠ l'interviewé*
el locutor; el comentarista	*le speaker ; le commentateur*
el interlocutor	*l'interlocuteur*
el orador; el oyente	*l'orateur ; l'auditeur*
Sintonizan ustedes con Radio Nacional de España.	*Vous êtes à l'écoute de RNE.*
una emisión en directo	*une émission en direct*
un anuncio radiofónico	*une publicité à la radio*
un mensaje publicitario	*un message publicitaire*
un debate; una mesa redonda	*un débat ; une table ronde*
un discurso; una alocución	*un discours ; une allocution*
un diario hablado	*un journal*
las noticias	*les nouvelles, les actualités*
el boletín informativo	*le bulletin d'information*

un reportaje	*un reportage*
un canal; un programa	*une chaîne ; un programme*
radiar; emitir	*transmettre ; émettre*
informar; anunciar	*informer ; annoncer*
retransmitir; una retransmisión	*retransmettre ; une retransmission*
la sintonía; la música ambiental	*l'indicatif ; la musique d'ambiance*
salir a antena	*passer sur les ondes*
una canción; un(a) cantante	*une chanson ; un chanteur, une chanteuse*
un cantautor	*un auteur-compositeur-interprète*
la letra de la canción	*les paroles de la chanson*
el estribillo; las coplas	*le refrain ; les couplets*
la canción de texto	*la chanson à texte*
una canción comprometida	*une chanson engagée*
el poema musicado	*le poème mis en musique*
las raíces folklóricas	*les racines folkloriques*
el músico; el coro	*le musicien ; le chœur*
tocar un instrumento	*jouer d'un instrument*
la voz; el acento	*la voix ; l'accent*
articular; farfullar	*articuler ; bredouiller*
gritar; tararear	*crier ; fredonner*
hablar alto ≠ bajo	*parler fort ≠ bas*
hablar despacio ≠ atropelladamente	*parler lentement ≠ précipitamment*
la entonación	*l'intonation*
un tono tenso ≠ relajado	*un ton tendu ≠ détendu*
un tono alarmante; confidencial	*un ton alarmant ; confidentiel*
tajante; coloquial	*cassant ; familier*
acalorado, a; persuasivo, a	*passionné ; persuasif*
participar en un debate	*participer à une discussion*
interrumpir	*interrompre*
no dejar meter baza	*ne pas laisser placer un mot*
discrepar	*ne pas être d'accord*
una enconada polémica	*une polémique virulente*
enconarse (una discusión)	*s'envenimer*
hablar con arrebato	*parler avec emportement*
dirigirse al público	*s'adresser au public*
recibir una llamada telefónica	*recevoir un appel téléphonique*
llamar por teléfono, telefonear	*téléphoner*

Deuxième partie : ANALYSER

« Nunca se sabrá cómo hay que contar esto, si en primera persona o en segunda, usando la tercera del plural o inventando continuamente formas que no servirán de nada. Si se pudiera decir: yo vieron subir la luna, o: nos me duele el fondo de los ojos, y sobre todo así: tú la mujer rubia eran las nubes que siguen corriendo delante de mis tus sus nuestros vuestros sus rostros. Qué diablos. »

Julio Cortázar, *Las Babas del diablo* (*Las Armas secretas*, 1959)

C'est ainsi que débute une nouvelle de l'auteur argentin Julio Cortázar. Ce passage nous semble emblématique de questions que peut se poser un écrivain devant la page blanche, c'est pourquoi nous le citons en exergue à la partie de cet ouvrage qui propose différentes approches pour étudier un document.

I. Analyse de textes

Analyser un texte en langue étrangère ne consiste pas à redire autrement ce que dit l'auteur, mais à tenter de comprendre à la fois ce qui est dit, comment c'est dit, pourquoi c'est dit. De nombreux éléments interviennent entre le point de départ, le texte écrit par un auteur, et le point d'arrivée, le texte lu par le lecteur. Le texte ou l'extrait choisi est un tout qui a une unité. Le titre annonce le contenu global ou participe au sens général du texte. Le texte est un message, il délivre une information. Un texte écrit en langue étrangère suppose une première étape, celle de la compréhension. L'aspect informatif peut être dominant, dans le cas d'un article de presse notamment. Ensuite une lecture critique examine comment s'ordonne le texte, comment se met en oeuvre la langue, que la situation évoquée soit fictive ou vraie. Le texte est aussi déterminé par un contexte, celui d'une époque, d'une société et par des codes esthétiques, qui peuvent ne pas être les mêmes pour l'auteur et le lecteur. Du point de vue de la lecture critique, le texte littéraire est celui qui exige l'observation la plus attentive.

Nous vous proposons dans ce chapitre quelques documents commentés assortis de vocabulaire traduit qui en facilitera la compréhension. Il ne s'agit pas de commentaires modèles mais d'une lecture possible selon quelques axes essentiels : la structure, les rapports auteur-narrateur-personnage, la valeur des temps verbaux, le ton.

A. Structure et mouvement

1. Composition et séquences

Le texte a une structure, c'est-à-dire qu'il est construit selon une organisation de divers éléments (combinés d'une certaine façon) qui détermine son sens. C'est pourquoi il est important de repérer cet agencement qui va nous éclairer sur la signification du texte. Il existe un mode d'organisation immédiatement observable qui est la **composition** : le lecteur voit un découpage évident (par l'intermédiaire de paragraphes, de tirets qui indiquent un dialogue, de strophes pour un poème, etc.) mais il peut être moins visible. Il faudra alors rechercher les **séquences** (fragments de texte ayant unc unitó de sens) qui donnent au texte son mouvement. Elles pourront être signalées par un mot de transition, un changement de personne ou de temps, l'apparition d'un nouveau champ lexical. Dans un récit, les séquences sont les épisodes ou les péripéties, dans un article, ce sont les arguments-clés, les développements, les digressions. Des effets de sens apparaissent : oppositions, parallélisme...

Manifestaciones juveniles

Aquellos jóvenes de antaño (veinte años son una eternidad en materia de juventudes) tomaban las calles para combatir contra el Sistema con mayúsculas y reivindicaban la Utopía, también con mayúsculas, a cantazos en las barricadas o a golpe de *slogan* pintarrajeado en la pared o coreado en manifestaciones multitudinarias y lúdicas. (...)

Los jóvenes de hoy, cuando toman las calles, no reivindican la Utopía, y si sus proyectiles se dirigen contra el Sistema, no es para derribarlo, sino para pedirle mejores expectativas de cara a su integración.

Estos jóvenes realistas no piden lo imposible y tampoco persiguen, como lo hacían sus padres, la marginalidad; entre otras cosas porque la marginalidad de hoy es otra cosa. La marginalidad de ayer era un sueño de libertad con un horizonte de campos de fresas para siempre: viajes a Katmandú o a los paraísos artificiales del ácido, paz, amor y promiscuidad sexual para todos los jóvenes parias de la Tierra. La marginalidad de hoy es marginación, desempleo y las siete plagas del sida y la heroína.

Moncho Alpuente (periodista y escritor), *Cambio 16*, diciembre de 1990

a cantazos : *à coups de pierre*
pintarrajear : *peinturlurer, barbouiller*
corear : *chanter en chœur*
multitudinario, a : *qui réunit de nombreux participants*
derribar : *renverser*
la expectativa : *la perspective*
de cara a : *en vue de*
perseguir : *rechercher*
campos de fresas para siempre : *allusion à la chanson des Beatles*, Strawberry fields forever
la plaga : *le fléau*

Commentaire

A partir de un hecho de actualidad, unas manifestaciones juveniles, M. Alpuente relexiona sobre la evolución de las reivindicaciones comparando el comportamiento de los jóvenes de hoy con el de los que manifestaron en el 68.

La estructura corresponde a **la composición** en tres párrafos. Notamos en seguida que el primer párrafo y el segundo están construidos simétricamente.

Oposiciones pasado / presente, afirmación / negación:

« antanõ » ≠ « hoy »

« tomaban las calles » ≠ « toman las calles »

« reivindicaban la Utopía » (imperfecto y forma afirmativa) ≠ « no reivindican la Utopía » (presente y forma negativa)

Paralelismos:

« combatir contra el Sistema » = « se dirigen contra el Sistema »

« a cantazos » = « proyectiles »

El tercer párrafo reúne las dos generaciones para mostrar que más allá de un comportamiento aparentemente similar (salir a la calle a manifestar), los opone una experiencia profundamente distinta de !a marginalidad:

« realistas » ≠ « sueño de libertad »

« la marginalidad de hoy », « marginación » ≠ « la marginalidad de ayer »

« las siete plagas » ≠ « paraísos »

El periodista analiza rebeldías que tuvieron lugar en épocas distintas y que, a pesar de que parecen traducir el mismo malestar, reflejan mentalidades o aspiraciones diferentes. No es de extrañar, pues, que el artículo esté compuesto en paralelismos y oposiciones.

Al oponer tan a las claras las dos generaciones, M. Alpuente hace hincapié en lo que diferencia fundamentalmente la situación de los jóvenes de los años 90 de la de sus padres. Los utopistas de ayer abogaban por la libertad y el placer y se marginaban voluntariamente rechazando las normas burguesas y el conformismo. En cambio, los jóvenes de hoy, lejos del idealismo de la generación anterior, angustiados por la perspectiva del paro y la marginación forzosa, reclaman una mayor integración y un porvenir seguro.

2. Organisation temporelle, logique, thématique

Organisation temporelle (récit, **sucession de faits**) : on comparera la durée de la narration (se mesure en lignes) et la durée supposée de l'épisode (se mesure en heures, en jours). Le volume de texte consacré à l'épisode révélera si certains épisodes ont été privilégiés par l'auteur. Certains récits bousculent l'ordre de la fiction. Si on observe le type de liens qui s'établit entre les faits, on s'aperçoit que certains éléments sont résumés, soulignés ou passés sous silence ; il y a des ralentis, des accélérations, des raccourcis. Des choix ont été opérés qui ont une signification.

Organisation logique (discours, **succession d'idées**) : on observera la part qui est consacrée à chaque séquence, le type de lien logique qui y préside. L'enchaînement des idées, la série d'arguments, les décalages dans les propos permettent de dégager une logique dominante, un raisonnement.

Organisation thématique : à partir des thèmes qui apparaissent dans le texte, on dégagera les thèmes-clés (on s'aidera des **champs lexicaux** : regrouper les mots d'un texte qui se rattachent à une même notion), on pourra établir une hiérarchie ; cette analyse est essentielle dans le cas du texte à dominante discursive ou poétique.

(Le temps et l'espace sont des thèmes parmi d'autres qui fonctionnent comme éléments structurants)

On se rendra compte que des rapports s'établissent (complémentarité, contradiction) entre les différentes structures, temporelle, logique, thématique.

Texte 1

¡Viva la República!

Con la alegría y la impresión de que algo nuevo y grave era inminente, nos volvimos a Rota. Allí seguimos, tranquilos, trabajando, tumbados en las dunas, recorriendo descalzos las orillas, bien lejos de las preocupaciones electorales que traían hirviendo a toda España.

Pero de pronto cambió todo. Alguien, desde Madrid, nos llamó por teléfono, gritándonos:

— ¡Viva la República!

Era un mediodía, rutilante de sol. Sobre la página del mar, una fecha de primavera: 14 de abril.

Rafael Alberti, *La Arboleda perdida*, 1959

Poeta comprometido español nacido en Cádiz en 1902; exiliado tras la guerra civil, volvió a España después de la muerte de Franco.

tumbado, a : *allongé*
recorrer : *parcourir*
descalzo, a : *pieds nus*
la orilla : *la rive*
hervir (ie, i) : *bouillonner*

Commentaire

Se trata del trozo de un relato autobiográfico de Rafael Alberti que cuenta cómo se enteró de la victoria de los republicanos en las elecciones del 14 de abril de 1931. Es de precisar que en el caso del relato autobiográfico, a pesar de ser una narración de carácter histórico, el recuerdo genera a menudo un desfase con la realidad, modificándola a veces. Esto se produce puesto que el autor aparece en el relato mediante un narrador y un personaje. En este trozo, el narrador se presenta incluido en un grupo que aparece mediante la primera persona del plural (« nos volvimos », « seguimos »).

Vamos a observar **la organización temporal**, cómo se organiza el relato, cómo transcurren los hechos. El texto podría dividirse en dos partes. La primera parte se compone del primer párrafo que consta de cuatro líneas; éste abarca una duración bastante larga ya que incluye un viaje (la vuelta a Rota), y probablemente unos días, por lo menos, « allí », « trabajando », « recorriendo descalzos las orillas ». Tanto el imperfecto como el gerundio recalcan esta duración.

La segunda parte se compone de dos párrafos con la aparición en la narración del estilo directo[1]. Esta parte consta de cinco líneas y abarca una duración bastante corta ya que se trata de una llamada telefónica y de « un mediodía » según el narrador, lo que subraya también el uso del pretérito. Por lo tanto, si comparamos la duración de la narración (número de líneas) con la duración del episodio contado (número de horas, de días) en las dos partes, notamos que el volumen de texto dedicado a cada parte indica claramente que el anuncio de la República cobra una importancia muy grande. Este momento ha sido privilegiado por el autor. Esto tiene un significado, revela que fue para él un momento maravilloso que se le quedó grabado en la memoria. Además podemos notar que esta organización temporal se compagina con **la organización lógica** ya que la primera línea anunciaba « algo nuevo y grave » al tiempo que señalaba un sentimiento de « alegría » de parte del narrador-autor que luego evocará este instante de manera muy positiva y poética.

En este trozo, la estructura consta entonces de dos **secuencias**, una que describe el ambiente antes del anuncio de la victoria de la República y la otra que describe el momento del anuncio. La palabra « pero » pone de manifiesto la transición entre las dos secuencias.

---

[1] El **estilo directo** reproduce palabras tal como se pronunciaron. Suelen aparecer señaladas por comillas o guiones.

Texte 2

Turismo en la Costa Brava

(El narrador y su mujer llevan siete años viviendo en Sitges. Son chilenos que se exiliaron después del golpe de estado del general Pinochet, en septiembre de 1973.)

Sin embargo preferíamos el encierro de nuestro piso minúsculo para así no sumar al deterioro familiar el deterioro del ambiente: la impotencia ante los precios que se triplicaban y la calidad que disminuía, lo imposible que resultaba arrancarle una sonrisa a la hija de puta de esa vieja catalana cajera de la verdulería, las playas abarrotadas de cuerpos densos, el atropellamiento de vulgaridad políglota en tiendas de comida y de tabaco y de periódicos siempre agotados, el pueblo entero fétido a papas fritas en el mismo aceite en que frieron miles de raciones de papas..., belgas, alemanes, franceses entorpecidos de pasar todo el día tumbados en la arena, al atardecer instalados en terrazas estridentes, sin ver, sin hablar, embutidos dentro de su piel enrojecida brillosa de crema Nivea cuya pestilencia corrompía el aire, todos cobrando su derecho a usar el sol y a ensuciar el mar de los catalanes porque habían comprado su consentimiento con buenas divisas.

José Donoso, *El Jardín de al lado*, 1981

Novelista y cuentista chileno nacido en 1924.

el encierro : *l'enfermement*
la cajera : *la caissière*
la verdulería : *la boutique du marchand de légumes*
abarrotado, a : *bondé, plein à craquer*
el atropellamiento : *la bousculade*
agotado, a : *épuisé*
fétido a : *qui empeste*
entorpecido, a : *engourdi*
embutido, a : *engoncé*
enrojecido, a : *rougi*
cobrar : *percevoir*
ensuciar : *salir*
las divisas : *les devises*

Commentaire

Lo que se destaca de este fragmento es la abundancia de **términos de connotación negativa**. Podemos hacer una lista que lo evidencia.

Los adjetivos despreciativos: « imposible », « esa vieja », « abarrotadas », « siempre agotados », « fétido », « entorpecidos », « estridentes », « embutidos », « enrojecida ».

Los sustantivos despectivos: « el deterioro », « la impotencia », « la hija de puta », « el atropellamiento de vulgaridad », « pestilencia ».

Los verbos en los que se trasluce una crítica: « se triplicaban », « disminuía », « sin ver », « sin hablar », « corrompía », « ensuciar ».

Todas estas palabras pertenecen al **campo léxico** del fastidio y del asco. ¿Qué quiere mostrar el autor al escoger este léxico? Por lo visto, que el narrador está harto de aguantar la marea de turistas que invaden la estación playera de Sitges en verano y todos los inconvenientes que conlleva. Desprecia la estupidez y la vulgaridad de esos extranjeros borreguiles que le amargan la vida y convierten a Sitges en un infierno.

Pero estos sinsabores no se leen únicamente en el vocabulario sino también en **la sintaxis**. Observemos la disposición de las palabras. El fragmento consta de una sola frase. Se trata de una larga enumeración de los múltiples perjuicios que causa el turismo de masas. De ahí la abundancia de comas que reflejan el hastío del personaje. Es como si la oleada de veraneantes provocara en el narrador una náusea incontenible y que éste escupiera su odio en un chorro interminable de palabras. Es particularmente evidente esta irritación en la perífrasis larguísima (doce palabras) a la que recurre el personaje para designar a la cajera que le repugna.

La sintaxis y el léxico de este fragmento son pues muy reveladores del malestar del narrador y de la visión pesimista que tiene el autor del turismo de masas en la Costa Brava.

B. Auteur, narrateur

L'**auteur** est une personne réelle qui a écrit le texte. Le narrateur est une voix qui raconte l'histoire. L'auteur et le narrateur ont souvent des points communs, mais même dans ce cas-là, il faut les distinguer.
Le **narrateur** dit "**il**" : Il raconte à la troisième personne, en étant extérieur à l'histoire; il peut connaître tout de cette histoire, c'est alors un **narrateur omniscient**; il peut ne rapporter que les apparences extérieures de l'histoire, ce qui crée une attente du lecteur, et on parle alors de **point de vue (ou focalisation) externe** ; enfin, le narrateur peut raconter à travers un personnage, ce qu'il voit, ce qu'il pense, il s'agit de **focalisation interne**.
Ce narrateur à la troisième personne peut parfois dire "je", "nous" ou "on" : il commente l'histoire, on peut le confondre avec l'auteur, il interpelle parfois le lecteur.
Le **narrateur** dit "**je**" : il est présent dans l'histoire, il est témoin ou personnage (fictif ou réel). Il faut distinguer le "je" qui raconte et le "je" qui a vécu l'histoire (dans le cas de l'autobiographie, l'auteur se met en scène comme narrateur et personnage)

Texte 1

Regreso a casa después de la borrachera

Raúl se demoró unos instantes en el marco de la puerta; el sombrero echado atrás, la chaqueta abierta y el cigarrillo entre sus labios le conferían el aire, levemente marchito, de un chulo callejero. Como el chulo, ponía los brazos en jarras. La camisa estaba empapada de vino. La corbata asomaba de uno de los bolsillos, tal como la había dejado al disputar con las mujeres. Había venido andando desde la churrería y un sudor microscópico salpicaba todo su rostro.

Sus pensamientos, durante el regreso, habían cobrado un tinte sombrío, atroz. Los cobardes. Los había golpeado uno tras otro, como en un vértigo, hasta ponerlos en fuga, y, ahora, ni siquiera recordaba cuántos eran. Conservaba tan sólo la imagen del más alto, apretándose la nariz con un pañuelo, en un intento inútil de detener la sangre. (...)

Sus manos habituadas a la penumbra del dormitorio localizaron el pomo sin dificultad. Abrió la ventana. La luz cinceló en un segundo la exacta configuración de los objetos y le devolvió la imagen fiel de aquella instancia cuyos detalles conocía de memoria.

Juan Goytisolo, *Juegos de manos*, 1954

Novelista español, nacido en Barcelona en 1931.

la borrachera : *la cuite*
demorarse : *s'attarder*
el marco de la puerta : *l'encadrement de la porte*
marchito, a : *flétri*
un chulo : *un gigolo, un "dur"*
los brazos en jarras : *les mains sur les hanches*
empapado, a : *imbibé*
la churrería : donde se venden churros (*beignets*)
salpicar : *émailler*
un cobarde : *un lâche*
cincelar : *ciseler*

Commentaire

Este trozo nos brinda un ejemplo de **omnisciencia**. Un **narrador anónimo, ajeno a la historia**, nos habla **en tercera persona** de un personaje, Raúl, que vuelve a casa, solo, después de una noche de borrachera.

En el primer párrafo presenta al protagonista describiendo sus ademanes, sus actitudes, sus vestidos (como desde una focalización externa) pero también comenta su aire « levemente marchito », lo compara con un « chulo callejero », recuerda lo que pasó antes (la disputa con las mujeres), su vuelta a casa « andando desde la churrería ».

En el segundo párrafo, este narrador se adentra en los pensamientos del personaje (como desde una focalización interna : « Los cobardes. ») pero también los comenta diciendo que « habían cobrado un tinte sombrío, atroz ». Se mezclan en la frase los elementos de la visión misma del personaje con los comentarios del narrador (« como en un vértigo »).

En el tercer párrafo, el narrador omnisciente describe los movimientos del personaje en « la penumbra del dormitorio », evoca la luz que penetra en el cuarto, iluminando un decorado que Raúl « conocía de memoria », según el narrador que ve su presente y su pasado.

Con este ejemplo, nos damos cuenta de que el punto de vista narrativo omnisciente no es la suma de una focalización externa y de una focalización interna sino que lo abarca todo como si fuera la visión de un "Dios", una visión "por encima". **El narrador omnisciente lo ve todo, lo sabe todo**, cualquiera que sea el lugar o el momento. Si el narrador lo sabe todo puede limitar su visión para surtir un efecto y darnos a veces la impresión de una focalización externa (efecto de expectativa) o interna (privilegiar la visión del personaje por un momento).

Texte 2

Atardecer lluvioso

Haciendo un gasto decididamente extraordinario y dado que no tiene paraguas y la calzada se espesa en tráfico perezoso e irritante, y que el autobús, como siempre, tarda demasiado, y dado además que atardece rápidamente y la noche, demasiado fría y húmeda, cae encima con insultante urgencia, sin dejarte tiempo para habituarte a ella, dado todo esto, en fin, y con un sentimiento de claudicación, Ana para un taxi, me va a costar un pastón, es una estupidez, si hubiera salido antes no tendría que perder ahora estas ciento y pico pesetas que voy a dilapidar alegremente, con lo mal que ando de dinero este mes.

Rosa Montero, *Crónica del desamor*, 1979

Novelista y periodista española que escribe en *El País*. En 1993 publicó *Bella y Oscura*.

un gasto : *une dépense*
dado que : *étant donné que*
la calzada : *la chaussée*
la claudicación : *la défaillance, la faiblesse*

un pastón (fig. et fam.) : *une grande quantité, un paquet*
y pico : *et quelques*
andar mal de dinero : *avoir des difficultés d'argent*

Commentaire

Podríamos analizar este fragmento tomando como base la sintaxis o la adjetivación, ambas significativas, pero privilegiaremos el estudio del uso de las personas gramaticales. Es sorprendente que en un mismo párrafo, que consta de una sola frase, se mezclen tres personas: la tercera, la segunda y por fin la primera.

El primer verbo conjugado: "no tiene" remite a Ana. El que habla en tercera persona es un narrador anónimo exterior, que parece observar al personaje desde fuera, lo que da a pensar en **un punto de vista externo**. Cualquier testigo que presenciara la escena podría reparar en que Ana "no tiene paraguas" y "para un taxi". Se desprende una impresión de objetividad.

Pero, muy pronto, nos damos cuenta de que el enfoque no es tan objetivo como lo parecía a primera vista ya que el narrador adopta el punto de vista de Ana irritada por la lluvia, el tráfico y la espera del autobús. ¿Quién nota « como siempre »? ¿El narrador o la propia Ana? Ya no se sabe muy bien, porque el narrador ha iniciado un proceso de acercamiento al personaje hasta introducirse en su pensamiento (**punto de vista interno**).

Sin que la puntuación señale el cambio de punto de vista, aparece la segunda persona gramatical: « sin dejarte tiempo para habituarte a ella ». ¿Quién será este interlocutor anónimo? Cuando desaparece el narrador en tercera persona sustituido por un narrador en primera persona (« me va a costar », « si hubiera salido antes »), nos damos cuenta de que **el narrador se confunde con el personaje**. Es Ana la que habla, incluso cuando se dirige a sí misma en segunda persona como si se desdoblara. Esta reacción traduce el malestar del personaje perturbado e incómodo. Es de notar que ningunas señas gráficas, como comillas o guiones, indican que el personaje habla para sus adentros. El monólogo interior nos revela que esta mujer es lúcida, que lleva sobre sí una mirada distanciada, que se juzga y se burla de sí misma. Entendemos que Ana está enfadada consigo misma más que con las circunstancias exteriores.

¿Qué sentido cobra esta alternancia de puntos de vista y qué efecto surte? Pasando de una focalización externa a una focalización interna, el escritor da al lector la oportunidad de penetrar en seguida en la psicología de Ana y de captar su malestar, su irritación, su fragilidad y su conciencia de ello, sin intermediario que se los explique. Resulta más eficaz la presentación del estado de ánimo de Ana y más inmediata la identificación con el personaje que, en seguida, se le hace familiar al lector.

C. Personnage

Le personnage peut paraître aussi réel qu'une personne, mais il est une construction de la narration. Des éléments nous sont donnés, d'un bloc ou par petites touches, qui forgent le portrait du personnage : sa fiche d'état-civil, sa description physique, ses caractéristiques psychologiques, morales, sociales, sa manière de parler.
Il peut avoir des fonctions narratives (cf. narrateur p. 38). Il a un rôle dans le déroulement de l'action, en tant que sujet ou objet de l'action, destinateur (qui déclenche l'action) ou destinataire des éléments du récit, auxiliaire (qui aide) ou opposant à un autre personnage; on ne peut l'étudier séparément des autres personnages avec lesquels ses relations évoluent. Remarquons aussi qu'un objet, un animal, une idée, un sentiment (personnifiés ou non) peuvent aussi porter le mouvement de l'action (on parle d'actants ou de forces agissantes).
L'auteur peut se projeter dans ses personnages et le lecteur peut s'identifier à eux.

Retrato de Cortabanyes

(Este retrato de Cortabanyes figura al principio de la novela cuando aparece por primera vez el personaje. Es un abogado, relacionado con la empresa Savolta en un ámbito turbio de intrigas y manipulaciones, en la Barcelona de 1917.)

Cortabanyes jadeaba sin cesar. Era muy gordo; calvo como un peñasco. Tenía bolsas amoratadas bajo los ojos, nariz de garbanzo y un grueso labio inferior, colgante y húmedo que incitaba a humedecer en él el dorso engomado de los sellos. Una papada tersa se unía con los bordes del chaleco; sus manos eran delicadas, como rellenas de algodón, y formaban los dedos tres esferas rosáceas; las uñas eran muy estrechas, siempre lustrosas, enclavadas en el centro de la falange. Cogía la pluma o el lápiz con los cinco deditos, como un niño agarra el chupete. Al hablar producía instantáneas burbujas de saliva. Era holgazán, moroso y chapucero.

Eduardo Mendoza, *La Verdad sobre el caso Savolta,* 1975

Uno de los novelistas más destacados en la actualidad, nacido en Barcelona en 1943.

jadear : *haleter*
calvo, a : *chauve*
un peñasco : *un rocher*
bolsas amoratadas : *des poches violacées*
un garbanzo : *un pois chiche*
un labio : *une lèvre*
colgante : *pendant*
el dorso engomado : *le revers collant*
un sello : *un timbre*
una papada : *un double menton*
terso, a : *lisse*
el chaleco : *le gilet*
relleno, a : *rembourré*
las uñas : *les ongles*
lustroso, a : *lustré, luisant*
enclavado, a : *cloué*
agarrar : *saisir*
el chupete : *la tétine, la sucette*
burbujas : *bulles*
holgazán, ana : *paresseux*
moroso, a : *nonchalant*
chapucero, a : *combinard*

Commentaire

He aquí un ejemplo de **la importancia del nombre** atribuido a un personaje. El nombre, ya de por sí humorístico, es muy revelador; Cortabanyes significa Cortacuernos (en Cataluña, los niños llaman al diablo el "banyetes" o sea el cuernecillos); además el verbo cortar (dividir, interrumpir) se relaciona con el papel intrigante del personaje. Así el nombre viene a evocar el poder que se mueve en las sombras de forma casi diabólica.

Luego, lo que se dice da una coherencia al personaje, explica sus actos, prepara su función en la novela. La construcción del personaje en este texto se hace primero mediante una larga **descripción física** en la que apuntan **aspectos sociales** y termina por la enumeración de tres adjetivos con vocación **psicológica**.

Es gordo y viejo: jadea (dificultad respiratoria), tiene una papada, es calvo, con « bolsas amoratadas bajo los ojos »; la nariz, comparada humorísticamente con un garbanzo, se pierde en un rostro muy grueso. El retratista evoca con una mordacidad sarcástica el labio colgante y húmedo en el que se podrían pegar sellos. La piel tersa de la papada barbilampiña, la delicadeza de las manos, el color rosáceo de los dedos bien redondos evocan un aspecto blando y por lo tanto una personalidad indolente a no ser que revelen cierta ambigüedad o falsedad.

A veces no estamos lejos de la cosificación (la comparación con el peñasco, la papada que se confunde con el chaleco, las manos rellenas de algodón como si fuera un muñeco). Sus ademanes melindrosos revelan cierta afectación o maneras de niño mimado que « agarra el chupete ». El diminutivo « dedito » acentúa la intencionalidad burlona del dibujante y « las burbujas de saliva » al hablar rematan el retrato de un viejo un poco caprichoso, contento de sí mismo, feliz como un nene gordo.

Todos los aspectos físicos dejan entrever algunas características de la personalidad de Cortabanyes y su entorno social: apatía, indolencia de persona perezosa y acostumbrada a las comodidades de una prosperidad burguesa. Al mismo tiempo no inspira confianza, podría moverse con facilidad en terreno resbaladizo, lo que el mismo narrador confirma calificándolo de « holgazán, moroso, chapucero ».

El retrato es negativo y se trasluce una intencionalidad crítica. La ironía es constante y roza la caricatura al destacar los rasgos característicos mediante el humor, o mediante una estética casi esperpéntica[2]: deformación, contraste, cosificación, muñequización (marioneta, pelele).

[2] El **esperpento**: Se ha hablado de técnica esperpéntica partiendo del teatro de Valle-Inclán, un dramaturgo español, de fines del siglo XIX y principios del XX, que se valió de la deformación grotesca de los personajes en cuadros farsescos. Se ha utilizado también el término a propósito de la pintura y de los grabados de Goya.

D. Temps verbal

L'analyse de la valeur des temps et des variations temporelles à l'intérieur d'un passage est parfois éclairante. L'observation du choix des temps verbaux utilisés dans un texte (ainsi que des repères chronologiques) peut nous aider à en dégager un sens comme nous essaierons de le montrer dans l'exemple suivant.

Perdimos la guerra

(Habla Recinto, un republicano español que se exilió a México después de la guerra civil y vuelve a su tierra en 1970.)

–Los que como yo nos exiliamos o los que quedaron aquí postergados (tal vez hubiese sido igual para los otros, si ganamos la guerra los republicanos), no perdimos una guerra, perdimos nuestra razón de ser, nuestros arraigos más sagrados, nuestros verdaderos cimientos. Cuando estaba por ahí mi única ilusión era volver... y ahora que estoy aquí veo que todo es inútil, que la vida perdida en provisionalidades y esperas ya no tiene remedio. Uno ha quedado, y por eso nos han dejado volver, como cáscara de lo que fue, mera inercia de la carne y de unos recuerdos desvaídos que ya no tienen valor para los demás ni casi para uno mismo. Treinta años de aguarde nos han convertido en máscaras de lo que fuimos, de lo que quisimos ser. Somos espera pura, fuerza que no ha tenido ocasión de ir a ninguna parte ni posarse en cosa sustanciosa y fija. Ahora me doy cuenta.

Francisco García Pavón, *Una semana de lluvia, 1971*

Novelista y ensayista de la posguerra, nacido en España en 1919. Recibió el Premio Nadal en 1970 para *Las Hermanas coloradas*. Murió en 1989.

postergar : *mettre à l'écart*
el arraigo : *l'enracinement*
sagrado, a : *sacré*
los cimientos : *les assises, les bases*
la provisionalidad : *la situation provisoire*
la cáscara : *la coquille*
mero, a : *simple*
desvaído, a : *pâli*
para uno mismo : *pour soi-même*
el aguarde : *l'attente*
sustancioso, a : *substantiel*

Commentaire

Se echa de ver en este fragmento el uso de cuatro **tiempos verbales** que remiten a épocas distintas y reflejan sentimientos distintos.

El pretérito, tiempo de lo puntual y acabado, remite al período de la guerra civil, al año 1939, por más señas: « nos exiliamos », « los que quedaron aquí postergados », « perdimos », « lo que fuimos », « lo que quisimos ser ». Es el tiempo del fracaso, de la pérdida irremediable, del pasado que nunca volverá.

Notamos dos verbos en **imperfecto**, tiempo que expresa la acción en su duración: « cuando estaba », « era volver ». Se refieren a la larga espera en el destierro, cuando existía aún la esperanza. Durante « treinta años », el exiliado abrigó la esperanza de regresar a la tierra que había abandonado. Lo animaba el deseo de volver a verla y tal vez se sienta algo nostálgico al recordar aquella época en que estaba permitida la esperanza.

El pretérito perfecto (passé composé), tiempo próximo al presente, trata de un pasado muy reciente, cuyas consecuencias siguen repercutiendo en el presente: « uno ha quedado », « nos han dejado volver », « nos han convertido », « no ha tenido ocasión ». Es el tiempo de la transformación, de lo que se ha vuelto el personaje a causa de este largo exilio.

En cuanto al **presente**, « ahora que estoy aquí veo que todo es inútil », « ya no tiene remedio », « ya no tienen valor », « somos espera pura », « Ahora me doy cuenta »: es el momento del regreso, de la toma de conciencia y de la desilusión al cabo de una larga ausencia.

Por un escorzo podríamos reunir los dos tiempos extremos (pretérito y presente) para resumir la trayectoria de Recinto: « perdimos nuestra razón de ser », « todo es inútil ». Las palabras del exiliado traducen el sentimiento de fracaso de un hombre desengañado cuya esperanza iba encaminada hacia la realización de un ideal y que, al enfrentarse con la realidad presente, descubre que ya no pueden triunfar las ideas por las que había luchado.

E. Ton

L'auteur donne à son texte un ton particulier, qui est une façon de percevoir le réel et qui peut induire chez le lecteur une émotion ou influencer son humeur. On parle de **ton** ou de **registre comique, pathétique, tragique, didactique, polémique...** L'approche d'un texte par le ton peut nous aider à en saisir sa signification, comprendre son effet sur le lecteur (rire, tristesse, indignation).

Texte 1

Genocidio

(El periodista Manuel Vicent escribió este artículo a raíz del levantamiento del Ejército Zapatista de Liberación Nacional, *grupo de indios rebeldes que se alzó contra sus explotadores, el primero de enero de1994, en el estado de Chiapas, en el sur de México. ("Zapatista" viene de Emiliano Zapata, famoso jefe de la revolución mexicana que encabezó la rebelión de los campesinos del sur contra el dictador Porfirio Díaz.)*

Están asesinando con la máxima violencia y rapidez a esos parias de la tierra que se han levantado por hambre en la antigua diócesis de Chiapas donde fue obispo fray Bartolomé de las Casas[3], el defensor de los indios. No pasan los siglos. Mientras los helicópteros artillados del Ejército mexicano rocían de plomo indiscriminadamente la selva de Lacandón, suenan las palabras suavonas de taimados legisladores que ofrecen clemencia a los que ya han sido acribillados. (...) Al parecer, todos están interesados en que el trabajo sea rápido. Que maten compulsivamente a todos los rebeldes, que se abran muchas zanjas, que los entierren con celeridad, para que se olvide pronto la carnicería. (...) Sólo nos queda la piedad para los muertos y la maldición para los asesinos tecnócratas que, además de matar a estos indios desheredados, les han robado también las palabras y los nombres de sus antiguos héroes.

Manuel Vicent, *El País*, 9 de enero de 1994

---

[3] Bartolomé de las Casas (1474-1566): dominicano espagñol que tomó partido a favor de los indios durante la colonización. Es autor de *Brevísima Relación de la destrucción de las Indias.*

Novelista y periodista español nacido en Madrid en 1936. Colabora en el periódico *El País*. Recibió el Premio Nadal en 1987 para *Balada de Caín*.

levantarse : *se soulever*
el obispo : *l'évêque*
el ejército : *l'armée*
rociar : *arroser, asperger*
el plomo : *le plomb*
sonar (ue) : *résonner*
suavón, ona : *douceâtre*
taimado, a : *sournois*
acribillado, a : *criblé*
una zanja : *une fosse*
la carnicería : *la boucherie*

Commentaire

Resulta interesante estudiar **el tono** de este artículo porque revela la postura del periodista ante un acontecimiento y la intención con la que escribió esta pagina.

M. Vicent no tiene una visión neutral de lo que pasó. El tono es, a todas luces, denunciador. Se manifiesta en la violencia de ciertos términos acusadores que designan a los autores de la represión o su actitud: « genocidio », « asesinando », « máxima violencia », « rocían de plomo indiscriminadamente », « palabras suavonas », « taimados », « que maten compulsivamente », « que se olvide pronto la carnicería », « asesinos tecnócratas », « matar », « les han robado ». Todas estas palabras (sustantivos, verbos, calificativos, adverbios) expresan la indignación del periodista escandalizado por la represión sangrienta del gobierno mexicano al que tacha de asesino.

A este campo léxico de la barbarie se opone otro tipo de vocabulario, el que corresponde a las víctimas: « parias de la tierra », « se han levantado por hambre », « acribillados », « piedad para los muertos », « estos indios desheredados ». M. Vicent presenta a los indios como a unos seres inofensivos cuya rebeldía es legítima ya que se los mantiene en la miseria, al margen de la historia y de la vida económica del país. La represión aparece tanto más cruel e indignante cuanto que se ejerce en un pueblo expoliado que lucha por una vida decente y su dignidad.

¿Por qué nos da el periodista este **enfoque** subjetivo del acontecimiento? ¿Cuál es su **intención**? Este artículo no es informativo. El periodista da por conocido el acontecimiento al que se refiere. M. Vicent, horrorizado por la reacción del gobierno del presidente Salinas de Gortari que sofocó de modo despiadado la rebelión, quiere sensibilizar a sus lectores. Por eso inicia su artículo con un giro impersonal acusador y un superlativo antepuesto: « Están asesinando con la máxima violencia ». Escandalizado, el periodista se propone llevar al lector a una toma de conciencia y suscitar una reacción frente al atropello de los derechos humanos para que no se repitan a lo largo de la historia los mismos crímenes. Da la voz de alarma clamando contra la injusticia.

Su intención aparece claramente en la tonalidad. No se trata de informar al lector sino de concienciarlo y de condenar a los autores del "genocidio"; por eso se vale de un tono indignado y **polémico**[4]. Su postura es la de un hombre en cólera, de un acalorado defensor de los indios, como lo fue B. de las Casas. Queriendo llamar la atención en lo que le parece una ignominia, escribe un artículo partidario, parcial, para denunciar actos que hacen poco caso de los valores **éticos**[5].

Texte 2

Mi pasado de Descubridor de América

(El autor cubano imagina a Cristóbal Colón que reflexiona sobre su pasado.)

Fui ordenador magnífico de la Gran Parada de Barcelona –primer gran espectáculo de Indias Occidentales, con hombres y animales auténticos, presentado ante los públicos de la Europa. Más adelante –fue durante mi tercer viaje– al ver que los indios de una isla se mostraban recelosos en acercarse a nosotros, improvisé un escenario en el castillo de popa, haciendo que unos españoles danzaran bulliciosamente al son de tamboril y tejoletas, para que se viese que éramos gente alegre y de un natural apacible. (Pero mal nos fue en esa ocasión, para decir la verdad, puesto que los caníbales, nada divertidos por moriscas y zapateados, nos dispararon tantas flechas como tenían en sus canoas...) Y, mudando el disfraz, fui Astrólogo y Milagrero en aquella playa de Jamaica donde nos hallábamos en la mayor miseria, sin alimentos, enfermos, y rodeados, para colmo, por habitantes hostiles, listos a asaltarnos.

Alejo Carpentier, *El Arpa y la sombra*, 1979

Destacado novelista de la literatura latinoamericana, nacido en La Habana en 1904. Galardonado con el Premio Médicis, murió en Francia en 1980.

---

[4] El **tono polémico** evoca un ataque, una situación conflictiva y suscita el debate.
[5] El tono cobra **una dimensión ética** cuando privilegia la problemática de los valores morales.

una parada : (ici) *une parade*
receloso, a : *méfiant*
el castillo de popa : (maritime) *le gaillard d'arrière, la dunette*
bulliciosamente : *bruyamment*
el tamboril : *le tambourin*
tejoletas : *des cliquettes*
apacible : *paisible, doux*
moriscas : *divertissements mauresques*
zapateados : *claquements des pieds*
mudar el disfraz : *changer de déguisement*
para colmo (de desgracia) : *pour comble de malheur*

Commentaire

Este trozo, de **tono cómico**, se presenta como si fueran memorias de Colón ; el autor parodia el diario de a bordo en que contó el Descubridor de América sus andanzas por el Nuevo Mundo. Se mezcla el recuerdo de su vuelta gloriosa a Barcelona con el relato de algunos de los episodios de los viajes.

Precisamente es de notar el escarnio que se trasluce en la evocación de su llegada a Barcelona, después del primer viaje a las islas de las que trajo, como muestras, a indios, animales, plantas exóticas. Por una parte abundan las mayúsculas y los elementos superlativos que tendrían que subrayar la magnificencia de la presentación. Pero por otra parte las palabras « Parada », « primer gran espectáculo », « hombres y animales auténticos », « públicos » evocan el acontecimiento como una función de circo. Aparece Colón como un feriante pregonando las virtudes de la representación ante un público europeo. La deformación del evento lo hace burlesco.

Luego, el relato de una peripecia durante el tercer viaje da lugar a la evocación de un Colón director de escena, tratando de valerse de un folklore español caricaturizado para apaciguar a los indios con mascaradas. Cabe notar la inversión de las representaciones tradicionales, sobre todo tal como se dan en el diario de Colón; aquí, los indios aparecen agresivos como « caníbales » prontos a disparar flechas mientras que los españoles son « de un natural apacible ». La visión de los indios ahuyentando a los españoles con pequeñas flechas acentúa la irrisión. Los paréntesis confieren a lo dicho un tono de confesión vergonzosa ante la derrota registrada por el Gran Almirante. Por fin Colón aparece como un farsante « mudando el disfraz », como un ilusionista, « Astrólogo y Milagrero ». Para rematar el escarnio del heroísmo, se evoca a los españoles como seres míseros, hambrientos, enfermos, « rodeados » por un temido enemigo.

Mediante **la parodia**[6], este texto cómico escarnece de modo **burlesco**[7] el pasado glorioso de un Colón que se presenta a sí mismo como un saltimbanqui o más bien un saltabanco (*un charlatan*).

---

[6] La **parodia** consiste en **imitar** (El pastiche o imitación sólo imita.) para **escarnecer**.
[7] El **tono burlesco** consiste en **ridiculizar de manera bufona**.

F. Poème[8]

L'accentuation des mots espagnols est déterminante dans la versification. Ce n'est pas la dernière syllabe qui est pertinente mais la dernière syllabe accentuée.

Compter les syllabes :
On compte les syllabes du vers jusqu'à la syllabe accentuée du dernier mot et on en compte une de plus. Observons ces vers de *Cántico* de Jorge Guillén :
« To/do /lo in/ven/ta el/ ra/yo/ de/ la au/**ro**/ra. » (11syllabes) (aurora, mot "llano")
On observera aussi que l'on fait la liaison entre un mot finissant par une voyelle et un mot commençant par une voyelle ("sinalefa") : /l**o i**n/ven/t**a e**l/ ra/yo/ de/ l**a a**u/ro/ra/
« Lo/ que/ fue/, lo/ que/ se/**rá** » (8s.) (será, mot "agudo")
On compte une syllabe pour une diphtongue : /f**ue**/
« a/zo/te/as/, to/rres/, **cú**/pu/las » (8s.) (cúpula, mot "esdrújulo")
Les voyelles "e/a" ne formant pas une diphtongue, il faut compter deux syllabes (il n'y a pas de diphtongue entre deux voyelles fortes (a, e, o).

La rime : s'observe à partir de la dernière voyelle accentuée dans le vers.
"Rima consonante" : identité acoustique totale ; ex. : "c**umbre**" et "cost**umbre**"
"Rima asonante" : seules les voyelles sont identiques ; ex. : "crec**i**d**a**" et "ment**i**r**a**"

Le poème, deux formes très présentes :
"romance" : poème non strophique, série illimitée d'octosyllabes ("octosílabos"), dont les pairs ont une "rima asonante".
"soneto" : constitué de deux "cuartetos" (strophe de 4v.) et de deux "tercetos" (3v.), d'hendécasyllabes ("endecasílabo") (11s.)

[8] cf. page 11

Texte 1

Amanece, amanezco

Es la luz, aquí está: me arrulla un ruido.
Y me figuro el todavía pardo
Florecer del blancor. Un fondo aguardo
Con tanta realidad como le pido.

Luz, luz. El resplandor es un latido.
Y se me desvanece con el tardo
Resto de oscuridad mi angustia: fardo
Nocturno entre sus sombras bien hundido.

Aun sin el sol que desde aquí presiento,
La almohada –tan tierna bajo el alba
No vista– con la calle colabora.

Heme ya libre de ensimismamiento.
Mundo en resurrección es quien me salva.
Todo lo inventa el rayo de la aurora.

Jorge Guillén, *Cántico*, 1950

Figura destacada de la poesía española, nacido en Valladolid en 1893. Después de un largo exilio durante el franquismo vuelve a España en 1977 donde muere en 1991.

amanece : *le jour se lève*
amanezco : *je me réveille / j'apparais*
arrullar : *bercer*
pardo, a : *gris, sombre*
aguardar : *attendre*
un latido : *un battement (de coeur)*
desvanecerse : *se dissiper, s'effacer*
tardo, a : *lent, tardif*
fardo : *ballot*
hundir : *enfoncer, engloutir*
la almohada : *l'oreiller*
tierno, a : *tendre*
Heme : *me voici*
libre de : *délivré de*
el ensimismamiento : *le fait d'être plongé dans ses pensées, la concentration*

Commentaire

Este poema es **un soneto**; consta de dos cuartetos y de dos tercetos. Los versos son endecasílabos. Las rimas son consonantes; son abrazadas en los cuartetos (ABBA ABBA CDE CDE, una de las diposiciones del soneto clásico).

Es interesante observar cómo se organiza la frase dentro del verso. Tiene que ver con **el ritmo**, con el sentido. En las tres primeras estrofas, notamos que hay **encabalgamientos** (versos 2 y 3, 6 y 7, 7 y 8, 10 y 11) mientras que la última estrofa consta de una frase en cada verso. Si consideramos el tema del poema, el amanecer, esta disposición puede reflejar este momento de transición que es el paso de la oscuridad a la aurora, que también es el despertar del mundo y del hombre (« amanezco »). El último terceto subraya el equilibrio, el final de la transición.

Se podría analizar el poema también a partir de las dos **personas gramaticales** que ya aparecen en **el título**: « Amanece, amanezco » y que se encuentran a lo largo del poema. La tercera persona aparece en el giro impersonal « amanece » que significa que apunta la luz del día. Luego es de notar que la tercera persona vuelve a aparecer en el primer verso con "ser" y "estar" (aparición de la luz y ubicación en el espacio). El mismo verbo "amanecer" en primera persona introduce un "yo", voz de un ser humano, voz del poeta, voz que despierta. La primera persona aparece a través del adverbio « aquí » (v. 1 y v. 9), mediante el pronombre « me » (v. 1, 2, 6, 12, 13) o el posesivo « mi » (v. 7), y claro, en los verbos. Precisamente, si observamos los verbos, se nota una progresión: « me arrulla un ruido » (como el niño entre dormido y despierto, situación pasiva), « me figuro » (interviene la imaginación o el ensueño), « aguardo » (inmovilidad en la espera), « pido » (fuerza de la palabra), « se me desvanece...mi angustia », « presiento », « Heme » (progresión desde un sentimiento de angustia que desaparece hasta la conciencia de estar presente).

Fijémonos ahora en **el campo léxico** que se relaciona con **la temática**. Una serie de palabras se vinculan con la « luz »: « blancor », « resplandor », « sol », « alba », « rayo », « aurora », pero también con su ausencia o debilidad « desvanecer » o « pardo », « oscuridad », « nocturno », « sombras », « no vista ». Otra serie de vocablos remite a la creación, al renacer, a la vida (« florecer », «resurrección », « salvar », « inventar »). Con la llegada del día, todo renace (el « yo » con el « mundo »).

Así, en la primera estrofa, aparece la luz, como un ruido que percibe el "yo", ya que todavía no ha llegado la claridad (« pardo/florecer del blancor »). Mediante la palabra como acto creador (« le pido »), espera la aparición de la realidad (todavía sin forma , « fondo »). La segunda estrofa empieza por una repetición invocatoria de la palabra « luz », palabra mágica con la que desaparecen la oscuridad, la angustia dejando paso al resplandor del latir del corazón, expresión de la vida. En la estrofa siguiente, sin ver el alba, el « yo » presiente el sol con la ayuda de los ruidos o sensaciones generados por la almohada y la calle. En la última estrofa, el hombre, « libre de ensimismamiento », se vuelca hacia el exterior, el mundo, con el que comunica, incluidos ambos en un todo revelado por « el rayo de la aurora ». En términos de resurrección y salvación, se expresa la actitud humilde y agradecida del "yo" ante el poder de la luz que le da la vida. Una comunión total existe entre el ser humano y el universo que lo rodea.

Texte 2

La va buscando

Dos espumas frente a frente.
Una verde y otra negra.
Lo que la verde pujaba,
lo remejía la negra.
La verde reverdecía.
Rompe, furiosa, la negra.

Dos Españas frente a frente.
Al tiempo del guerrear,
al tiempo del guerrear,
se perdió la verdadera.

Aquí yace
media España.
Murió de la otra media.[9]

Blas de Otero, *En Castellano*, 1959 (in *Con la inmensa mayoría*)

Poeta nacido en Bilbao en 1916. Uno de los representantes de la poesía española de la posguerra. Muere en 1979.

---

[9] Cita de Larra, autor romántico, ardiente patriota liberal (1809-1837)

la espuma : *l'écume* pujar : (ici) *dresser* remejer (o remecer) : (ici) *engloutir*	Aquí yace : *Ci-gît* medio, a : *demi* la otra media : *l'autre moitié*

Commentaire

Este poema está compuesto de dos estrofas de octosílabos, rematado por una cita de Larra. Para aclarar el significado, se puede estudiar su **estructura**, reveladora del mensaje que expresa Blas de Otero.

Lo primero que llama la atención es el verso que encabeza cada una de las dos estrofas:

« Dos espumas frcntc a frcntc. »
« Dos Españas frente a frente. »

Son anafóricos[10], casi idénticos y se responden creando una como simetría. En el segundo, la palabra « España » sustituye la palabra parónima[11] « espuma », dando la clave de la metáfora del primer verso: las dos olas que se oponen representan España, desgarrada en dos, que se enfrenta en una guerra fratricida. Las expresiones « media España » y « la otra media » que leemos al final del poema corroboran esta idea. En la guerra civil lucharon dos bandos opuestos (dos olas) de un mismo país (de un mismo mar). La sinécdoque[12] « espumas » designa el mar encrespado durante la tempestad (el conflicto bélico). Este antagonismo lo anuncia el primer verso que comienza por la cifra « Dos ». Además consta de una expresión, « frente a frente », que indica, de entrada, una oposición, y engendra **un ritmo binario** que no deja de evocar los movimientos contrarios del mar, el flujo y el reflujo de las olas.

La simetría, que crea el contraste, puede establecerse dentro del mismo verso, « frente a frente », « una verde »/« otra negra », o estribar en dos versos de construcción paralela: « Lo que la verde pujaba »/« lo remejía la negra », cuyo quiasmo[13] refuerza, por la inversión sintáctica, la oposición de los dos contendientes.

En cuanto al verso noveno: « al tiempo del guerrear », su repetición traduce el vaivén incesante de las olas y evoca, metafóricamente, el encarnizamiento de ambos adversarios que se oponen en las luchas guerreras. La palabra aguda "guerrear", que termina los dos versos, evoca por sus consonantes ásperas la violencia del combate.

---

[10] **Anafórico, a**: se dice de palabras que se repiten al principio de versos.

[11] **Parónimo, a** : se dice de dos palabras de sonido parecido.

[12] Una **sinécdoque** : figura que consiste en designar un todo con el nombre de una de sus partes.

[13] Un **quiasmo**: inversión sintáctica de palabras paralelas.

Contrastan también dos colores: « verde » y « negra », que designan respectivamente a la España republicana y la franquista. El color verde simboliza aquí la vida, la esperanza (« reverdecía »), o sea la España liberal, democrática, progresista (« pujaba »), auténtica (« la verdadera »), mientras que el color negro evoca la España reaccionaria, agresiva (« rompe, furiosa »), destructora y mortífera (« remejía »).

Notamos que dos versos **rompen con esta simetría**, este balanceo. Se trata del sexto, « Rompe, furiosa, la negra » y del décimo, « se perdió la verdadera ». Cabe notar su **ubicación** significativa en el poema: cada uno termina una estrofa. La violencia del enemigo (la ola negra del verso sexto) pone fin a la lucha matando a su adversario (la verdadera ola del verso décimo).

Los cortes del verso sexto quiebran el verso en tres segmentos. Se interrumpe el ritmo binario, introduciendo un cambio brutal que marca la agresividad despiadada de la ola negra. La irrupción del **tiempo** presente en el verbo que encabeza el verso nos indica que este momento es decisivo. La ola negra lo asola y destruye todo. Acaba con el renacer de su adversaria y la vence aniquilándola. Se rompe la simetría porque desaparece una de las dos fuerzas en liza. Por eso termina la segunda estrofa por un verso sin eco, carente de simetría, huérfano: « se perdió la verdadera. » El pretérito recalca lo brutal e irremediable del desenlace. Uno de los dos contendientes murió (« Aquí yace ») y en su tumba se puede leer un epitafio que resume de modo conciso el conflicto. Esta desaparición remite al **título** del poema: « perdió »/« buscando ». España está en busca de lo que perdió, y el proceso será largo como lo refleja la forma verbal con el gerundio.

Este poema, construido en simetrías y oposiciones, expresa por su estructura la idea de un conflicto entre dos fuerzas que se enfrentaron hasta la muerte de una de las dos por culpa de la furia de la otra. De la cifra "dos", hemos llegado a la cifra "una": España está amputada, pues perdió la otra media.

II. Analyse de documents iconographiques

A. Un dibujo humorístico[14]

Quino, dibujante y humorista, nació en Argentina en 1932 y vive en Italia. Se hizo famoso dibujando las historietas protagonizadas por la niña Mafalda que tiene de la sociedad y del mundo de los adultos una visión crítica.

el postre : *le dessert*
el soborno : *la corruption*

un panqueque (en Amérique) : *une crêpe (pancake)*
dar asco : *dégoûter*

[14] cf. page 22

Commentaire

Los elementos que saltan a la vista son:

– las expresiones de la cara de Mafalda, totalmente distintas de **una viñeta** a otra.

– el que esté hablando con alguien que no está representado (fuera de campo).

– **el contraste** entre los momentos de silencio de Mafalda, su larga perorata que ocupa la mitad de la segunda viñeta, y el laconismo de la reflexión final.

Los primeros planos del rostro de Mafalda nos muestran a una niña que, al principio, pone mala cara porque su madre decide castigarla sin postre si se niega a comer la sopa. Luego se rebela con vehemencia y grita al tiempo que aporrea la mesa con determinación y blande un dedo amenazador hacia la madre. A continuación, se calma de repente y la vemos desconcertada y confundida porque su madre acaba de cerrarle el pico soltando una palabra decisiva. En la última viñeta, vemos a una niña derrotada que se inclina dócilmente en el plato y se apresura a comer, aunque a regañadientes, una odiada sopa que había jurado que no comería. El brazo triplicado de la última viñeta remite de modo gracioso al puño triplicado de la segunda viñeta.

Lo original de la tira reside en el impacto de la voz de la madre. Este personaje cobra tanta más importancia cuanto que no está representado en el encuadre y se impone sólo por su voz en off. Le basta a la madre plácida con usar un tono de voz firme y soltar una sola palabra eficaz (que contrasta con la frase interminable de su hija airada) para que Mafalda se cambie la chaqueta, pues sabe que su hija se chifla por los panqueques.

Cabe observar que el humorista subraya, por **un globo** de trazo dentado, la violencia verbal de la niña que se niega rotundamente a someterse al chantaje de su madre. Lo que mueve a risa es la terminología empleada por la niña. Recurre a un vocabulario que remite al discurso ideológico-moral: « repugnante », « soborno », « desertar », « principios », « traicionar », « creencias », « vender mis convicciones ». **Lo divertido** estriba en **el desfase** entre el asunto baladí y el lenguaje grandilocuente del que se vale la niña. Pronuncia una verdadera requisitoria contra la corrupción. **El humorismo** nace también de la oposición entre la determinación indignada de Mafalda y la prontitud con la que renuncia a su ideal y su integridad, abandono que comenta para sus adentros de modo conciso. La niña se desprecia a sí misma porque no tuvo el valor de resistir la tentación, pero ¿qué decir de una madre que no triunfa por su autoridad moral sino mediante un chantaje?

B. Una publicidad[15]

Cambio 16, 1992

---

[15] cf. page 24

el despliegue : *le deploiement*
desplegar (ie) : *déplier, déployer*
despegar : *décoller*
el despegue : *le décollage*
hacer escala : *faire escale*

Commentaire

Este anuncio, que apareció en el semanario Cambio 16 pregona las virtudes de un periódico del mismo grupo, Diario 16, edición de Andalucía. Lo notamos por **el logotipo** que figura abajo a la derecha. El logotipo viene representado por un triángulo verde y blanco (aquí en blanco y negro) con rayas que recuerda la bandera de la Comunidad Autónoma de Andalucía, y por el nombre del periódico.

Lo que más llama la atención en seguida es **el lema** por el grosor de las letras. Los caracteres en negrilla del eslogan « ¡Despliegue inmediato!» ocupan la tercera parte de la página y se ubican en el medio. Inmediatamente se hace **el vínculo con la foto** de un periódico plegado en forma de avión dispuesto a despegar. El anuncio se vale primero de **un juego entre los sentidos** del verbo desplegar ya que es necesario desplegar el periódico para leerlo y en cuanto al avión se piensa en un despliegue de fuerzas aéreas (la forma del avión remite a los aviones supersónicos). Así sugiere, por ejemplo, la velocidad de la información que da el diario y la capacidad de sus periodistas de estar en cualquier lugar para informar. Además el despegue del avión sugiere el vuelo o la elevación. Echar a volar es como escaparse. Alude ya a una evasión posible.

Luego, cuando nos fijamos en **el texto que acompaña** el lema y rodea otra foto del periódico con una separata, nos enteramos de que se trata de una publicidad que se relaciona con la exposición universal que tuvo lugar en Sevilla en 1992. El texto invita al lector a « recorrer el mundo » con el suplemento cuyo título aparece de pronto en mayúsculas, Crónica de la expo. Valiéndose del vocabulario que emplean las azafatas en los vuelos aéreos, el creativo ha logrado dar la impresión al lector de que ya está volando y que después (véase el empleo del futuro) hará escala « en 117 países », visitará « las 17 comunidades españolas y 95 pabellones ». Las cifras recalcan todas las oportunidades ofrecidas al lector que escoja viajar al leer Diario 16. Es evidente la voluntad de seducir, de despertar el deseo de evasión, de sueño. Pero al mismo tiempo intenta convencer insistiendo en la calidad de una información diaria: « cada día », repetición de « todos los días », « programación diaria ». **El juego de palabras** aparece ahora a las claras con el uso del verbo "despegar", empleado en futuro, lo que confiere mayor dimensión de sueño al anuncio. El imperativo « viaje » hace más urgente la invitación. La exclamación final sitúa al lector en el avión dispuesto a despegar, como si ya hubiera aceptado la invitación, tanto más cuanto que se trata de un viaje « gratis », es decir que el suplemento Crónica de la expo no se paga, si bien hay que comprar el diario.

Este anuncio de manera muy acertada incita al lector a comprar el periódico Diario 16 con el señuelo de un suplemento gratis con el que podrá seguir « los acontecimientos que sucedan en Expo'92 » sin moverse de su sillón pero con la sensación de viajar cada día.

C. Un grabado[16]

De que mal morira ?

[16] cf. page 19

Francisco Goya (1746-1828), pintor aragonés, empieza su carrera como pintor oficial de la Corte (*Los cartones para tapices*). Son famosos sus cuadros, *El dos de mayo de 1808* y *El tres de mayo de 1808*. Sus grabados : *Los Desastres de la guerra* , *Los Caprichos*, revelan su aguda mirada satírica sobre la sociedad, la política y las costumbres de su tiempo. La *pintura negra*, al final de su vida, refleja su visión pesimista. Se exilia a Burdeos donde muere en 1828.

Commentaire

Este grabado de Goya es el número 40 de una serie de ochenta láminas grabadas al aguafuerte[17] y reunidas bajo el título, *Los Caprichos* (1799). Acompaña el grabado la interrogación siguiente: *¿De qué mal morirá?*

En primer plano, un burro bastante fuerte y gordo, sentado en el suelo y con vestidos puestos, parece tomarle el pulso a un hombre enfermo. El hombre tendido en una cama y con la boca abierta, como si estuviera en los últimos estertores, parece más bien moribundo; lo que recalca también **el empleo de la luz**: contrastan el color blanco de la cara y el color negro que la cerca, de manera que hace resaltar la palidez del rostro. Detrás, se destaca en el fondo blanco una mancha negra y ancha, como una cortina, o como si se extendiera la oscuridad o la noche, y en la que apenas se puede divisar la presencia de dos sombras que parecen asistir a la escena.

El ambiente de muerte, un poco fantasmagórico, que se desprende del grabado viene corroborado por el comentario « *¿De qué mal morirá?* ». La interrogación parece seria, como si hubiera que preguntarse: ¿qué enfermedad grave padece el pobre moribundo? Sin embargo se trata de una pregunta irónica, ya que el médico que está atendiendo al enfermo de modo muy concienzudo sólo es un burro. **La sátira** de Goya descansa en la animalización. La representación asnal satiriza la estupidez y la ignorancia de los médicos. Además, el tamaño del burro, que no parece pasar hambre, sugiere que los médicos se enriquecen a expensas de los enfermos.

De la sencillez del grabado surge **el impacto** de la denuncia . Goya entronca aquí con una tradición muy antigua y siempre vigente: ya en la literatura grecolatina se ridiculizaba a los medicuchos y basta con recordar a Molière para encontrar la misma mofa o más cerca de nosotros a Jules Romains con el doctor Knock.

[17] Un **aguafuerte** : une eau-forte, une gravure sur cuivre

Troisième partie : COMMENTER

Pour vous aider à commenter les divers documents que vous aurez à étudier nous vous suggérons une série de phrases classées par thème qui expriment des réflexions diverses. Vous y retrouverez des tournures utilisables dans des contextes différents. La lecture répétée et réfléchie de ces phrases vous permettra de vous familiariser avec ces tournures fréquemment utilisées lors du commentaire. Vous pourrez en mémoriser des fragments, notamment ceux qui comportent des éléments constants figurant en caractères gras. La traduction française inscrite en regard vous y aidera, de même que les précisions lexicales ou syntaxiques. Ces phrases doivent surtout vous amener à personnaliser progressivement votre réflexion et à l'exprimer dans une langue correcte. Elles ne constituent pas du "prêt-à-penser" et il ne s'agit pas de s'adonner à un vain exercice de collage. Toute phrase doit être justifiée par un contexte.

1. Anunciar el tema

1. **El texto que acabo de leer se titula** "El viajero perdido" y **evoca el tema** de la creación literaria.

2. **En este texto se trata pues del** proceso de elaboración de una obra literaria.

3. **Este texto trata de un problema** grave que nos preocupa a todos, el de la contaminación.

4. **El título ya de por sí indica** el fondo del problema.

5. El título **no nos ayuda mucho a entender el sentido** del texto.

6. **A lo mejor** el sentido **se nos hará** más claro **después de analizar** todo el texto.

7. **De buenas a primeras, me parece que** el artículo **alude al** problema del paro juvenil.

8. El artículo **abarca** varios **temas candentes**.

9. Este **pasaje remite a un tema trillado**, el de la violencia en las grandes urbes.

10. **Mediante una anécdota**, se evoca en realidad un hecho de sociedad.

1. Annoncer le sujet

1. **Le texte que je viens de lire s'intitule** "Le voyageur égaré" et **évoque le thème** de la création littéraire.
titularse *: s'intituler ;* ***acabar de*** *: venir de (expression de l'immédiateté) ;* ***evocar*** *: évoquer ;* ***tema*** *est masculin :* ***el tema, un tema***

2. **Dans ce texte il s'agit donc du** processus d'élaboration d'une oeuvre littéraire.
se trata de *(expression impersonnelle) : il s'agit de, il est question de*

3. **Ce texte traite d'un problème** grave qui nous préoccupe tous, celui de la pollution.
trata *a pour sujet ici* ***este texto*** *;* ***problema*** *est masculin :* ***el problema, un problema*** *;* ***el de*** *: celui de (emploi de l'article défini en espanol ;* ***la de*** *: celle de,* ***los de*** *: ceux de ;* ***las de*** *: celles de)*

4. **Le titre indique déjà par lui-même** le fond du problème.
ya de por sí *: déjà par lui-même*

5. Le titre **ne nous aide pas beaucoup à saisir le sens** du texte.
entender (ie) *: comprendre (ne pas confondre avec* ***oír*** *: entendre)*

6. Le sens **nous apparaîtra peut-être** plus clair **après avoir analysé** tout le texte.
se me hace *: me semble, me paraît ;* ***a lo mejor*** *(suivi de l'indicatif) : peut-être ;* ***después de analizar*** *(attention : ne pas oublier la préposition* ***de****) : après avoir analysé (l'espagnol évite les temps composés :* ***haber analizado*** *est remplacé par* ***analizar****)*

7. **A première vue, il me semble que** l'article **fait allusion au** problème du chômage des jeunes.
aludir a *: faire allusion à ;* ***el paro juvenil*** *: le chômage des jeunes*

8. L'article **englobe** plusieurs **sujets brûlants**.
abarcar *: comprendre, comporter, contenir (=* ***englobar****)*

9. Cet **extrait fait référence à un sujet rebattu**, celui de la violence dans les grandes villes.
un pasaje = un trozo *: un extrait, un morceau choisi ;* ***remitir a*** *: faire référence à*

10. **Par le biais d'une anecdote**, on évoque en réalité un fait de société.
mediante *: par l'intermédiaire de, au moyen de, par le biais de*

11. **Lo que nos llama la atención** en esta foto, es la pobreza de los niños.

12. Este texto es el **relato de un acontecimiento histórico**.

13. Es **una evocación autobiográfica en que** el autor recuerda su niñez.

14. Este lienzo **representa** a la familia real.

15. **La grabación que acabo de oír** es la entrevista de un empresario.

16. **Esta secuencia fue sacada de** una película de Carlos Saura.
17 **Esta diapositiva muestra** las difíciles condiciones de vida de los mineros.

2. Describir

1. Este artículo **consta de** tres **partes**: una introducción, un comentario y una conclusión.

2. Este anuncio **se compone de** varios elementos que **se compaginan** para **surtir un efecto determinado**.

3. En este texto no **destaca** bien **la articulación** de las ideas o su **progresión**.

11. **Ce qui attire notre attention** sur cette photo, c'est la pauvreté des enfants.
me llama la atención : *attire* ***mon*** *attention ;* ***nos llama la atención*** : *attire* ***notre*** *attention*

12. Ce texte est le **récit d'un événement historique**.
relatar : *relater, raconter*

13. C'est une **évocation autobiographique au travers de laquelle** l'auteur se souvient de son enfance.
recordar (ue) algo, acordarse (ue) de algo : *se souvenir de quelque chose*

14. Ce tableau **représente** la famille royale.
representar algo : *représenter quelque chose ;* ***representar a alguien*** : *représenter quelqu'un*

15. **L'enregistrement que je viens d'entendre** est l'interview d'un chef d'entreprise.
una grabación : *un enregistrement ;* ***una entrevista, una interviú, una conversación, un encuentro*** : *une interview, un entretien, une conversation, une entrevue*

16. **Cette séquence a été tirée d'**un film de carlos Saura.

17. **Cette diapositive montre** les conditions de vie difficiles des mineurs.
mostrar (ue) : *montrer*

2. Décrire

1. Cet article **comporte** trois **parties** : une introduction, un commentaire et une conclusion.
Constar de : *comporter, se composer de ;* ***una parte*** : *une partie*

2. Cette publicité **se compose de** différents éléments qui **s'harmonisent** pour **produire un effet précis**.
Componerse de : *se composer de, comprendre ;* ***compaginarse*** : *s'harmoniser*

3. **L'articulation** des idées ou leur **progression** ne **ressort** pas bien dans ce texte.
destacar : *ressortir, être mis en évidence ;* ***la progresión*** : *la progression*

4. **La estructura** del texto **permite comprender el pensamiento** del autor.

5. **Empieza** el artículo **por** una presentación de la persona entrevistada.

6. **Ya desde el principio**, **nos adentramos en** un ambiente misterioso.

7. **En la primera parte**, el periodista **plantea el problema**. **En la segunda parte**, **expone** una serie de soluciones.

8. **Primero es de notar** que **los distintos párrafos** evocan **varias** épocas.

9. **Luego nos damos cuenta de que cada parte remite a** un lugar preciso y a una anécdota particular.

10. El articulista **termina dando** la voz de alarma.

11. El cuento **termina con** una moraleja muy seria.

12. Los puntos suspensivos **al final sugieren** algo. No se **pone un término a lo dicho**.

13. **Este dibujo humorístico, cuya fecha** no aparece, **se refiere de manera evidente a** la actualidad política del año 1975.

4. **La structure** du texte **permet de comprendre la pensée** de l'auteur.
permitir *+ inf. (pas de prépositon) : permettre de + inf. ;* ***el pensamiento*** *(masc.) : la pensée (fem.)*

5. L'article **commence par** une présentation de la personne interviewée.
empezar (ie) por, con *: commencer par ;* ***entrevistado, a*** *: interviewé, interrogé*

6. **Dès le début, nous pénétrons dans** une atmosphère de mystère.
adentrarse en *: entrer dans, pénétrer dans ;* ***un ambiente*** *: un climat, une ambiance ;* ***misterioso, a*** *: mystérieux ;* ***un misterio*** *: un mystère*

7. **Dans la première partie**, le journaliste **pose le problème. Dans la seconde partie, il expose** une série de solutions.
plantear un problema *: poser un problème ;* ***exponer*** *: exposer*

8. **Tout d'abord il faut remarquer** que **les différents paragraphes** evoquent **plusieurs** époques.
es de *+ inf. : il faut + inf. ;* ***varios, as*** *: plusieurs*

9. **Ensuite nous nous rendons compte que chaque partie renvoie à** un lieu précis et à une anecdote particulière.
luego *: ensuite ;* ***darse cuenta de que*** *: se rendre compte que ;* ***cada*** *est invariable ;* ***remitir a*** *: renvoyer à, se référer à*

10. L'auteur de l'article **finit par pousser** un cri d'alarme.
terminar, acabar *+ gér. : finir par*

11. Le conte **s'achève sur** une morale très sérieuse.
terminar con *: se terminer par, s'achever sur ;* ***la moraleja de una historia*** *: la morale d'une histoire (mais :* ***la moral*** *: la morale ;* ***tener buena moral*** *: avoir le moral) ;* ***serio, a*** *: sérieux*

12. Les points de suspension **à la fin suggèrent** quelque chose. On ne **met pas un terme à ce qui est dit**.
el final, el fin *(masc.) : la fin ;* ***sugerir (ie, i)*** *: suggérer ;* ***poner un término a*** *: mettre un terme à ;* ***lo dicho*** *: ce qui est dit (de même,* ***lo sugerido*** *: ce qui est suggéré)*

13. **Ce dessin humoristique, dont la date** n'apparaît pas, **fait référence de façon évidente à** l'actualité politique de l'année 1975.
referirse (ie, i) a *: se référer à*

14. Esta carta de un lector, **fechada el 12 de octubre de 1993**, **fue publicada** en el periódico El País.

15. **La escena transcurre** en Barcelona en tiempos de los Reyes Católicos.

3. Observar

1. **Si nos fijamos en** lo que dice el protagonista, comprendemos **lo esencial**.

2. **Es necesario observar detenidamente** el campo léxico empleado en el texto.

3. **Las comillas** indican el estilo directo: se trata de **un diálogo entre** una madre y su hijo.

4. **Hace falta reparar en** los detalles del lienzo ya que revelan los juegos de luz.

5. **Al leer esta frase**, se percibe la ironía del escritor **en cuanto a** las modas que enajenan a los jóvenes.

6. Al escuchar **atentamente** la grabación, **notamos** el cambio de tono del locutor que va acalorándose para convencer.

14. Cette lettre d'un lecteur, **datée du 12 octobre 1993**, **a été publiée** dans le journal El País.
fechado el martes 14 *: daté de mardi 14 ;* ***data del siglo pasado*** *: cela date du siècle dernier*

15. **La scène se déroule** à Barcelone à l'époque des Rois Catholiques.
transcurrir *: se dérouler (**pasar**, **verificarse**)*

3. Observer

1. **Si nous observons** ce que dit le protagoniste, nous comprenons **l'essentiel**.
fijarse en *: observer ;* ***lo esencial (lo** + adj.) : ce qui est essentiel, l'essentiel*

2. **Il faut observer avec attention** le champ lexical employé dans le texte.
es necesario *+ inf. (tournure impersonnelle) : il faut + inf. ;* ***detenidamente*** *: avec attention, en détail*

3. **Les guillemets** indiquent le style direct : il s'agit d'**un dialogue entre** une mère et son fils.
un hijo *: un fils, un enfant ; (indique un lien parental ≠* ***niño****) ;* ***los hijos*** *: les enfants*

4. **Il faut observer** les détails du tableau car ils révèlent les jeux de lumière.
hace falta *+ inf. (tournure impersonelle) : il faut + inf. ;* ***reparar en*** *: observer, faire attention à*

5. **Quand on lit cette phrase**, on perçoit l'ironie de l'écrivain **quant aux** modes qui aliènent les jeunes.
al *+ inf. = expression de la simultanéité (**al leer** = **cuando se lee**) ;* ***en cuanto a*** *= quant à*

6. Quand nous écoutons **attentivement** l'enregistrement, **nous remarquons** le changement de ton du locuteur qui s'enflamme progressivement pour convaincre.
atento, a *: attentif ;* ***atentamente*** *=* ***con atención*** *;* ***notar*** *: remarquer ;* ***ir*** *+ gér. = expression de la progression (progressivement, peu à peu, petit à petit)*

7. **Hay un contraste** evidente entre los dos personajes en su modo de hablar que **recalca** la diferencia social entre ambos hombres.

8. El periodista **hace un resumen de los hechos** antes de comentarlos.

9. **Las preguntas** y **las respuestas se encadenan** de manera muy lógica.

10. Si **comparamos** el tamaño del producto **con** el de los elementos del decorado que lo rodea, notamos una gran desproporción.

11. **Salta a la vista** la actitud heroica de los protagonistas, lo que **confiere cierta dimensión** épica a los acontecimientos representados.

12. **Gracias a** los signos de admiración **nos percatamos de** lo indignado que está el periodista.

4. Situar un trozo, un objeto

1. **En la tercera línea** se repite la misma expresión.

2. **En medio del segundo párrafo**, vuelve el símbolo de la guadaña para evocar la muerte.

3. **A partir de la cuarta línea** el autor planta el decorado.

4. **En la línea veinte**, el narrador describe la casa de su niñez.

7. **Il y a un contraste** évident entre les deux personnages dans leur façon de parler qui **souligne** la différence sociale entre les deux hommes.
un contraste *: un contraste ;* ***contrastar con*** *: contraster avec ;* ***ambos, ambas*** *:* ***los dos***

8. Le journaliste **fait un résumé des faits** avant de les commenter.
un resumen *: un résumé (=* ***un compendio****) ;* ***resumir*** *: résumer*

9. **Les questions** et **les réponses s'enchaînent** de manière très logique.
una pregunta *: une question ;* ***preguntar*** *: demander ;* ***hacer una pregunta*** *: poser une question ;* ***una respuesta*** *: une réponse (****una contestación****) ;* ***responder*** *: répondre (=* ***contestar****)*

10. Si **nous comparons** la taille du produit **à** celle des éléments du décor qui l'entoure, nous remarquons une grande disproportion.
comparar algo con *: comparer qqch. à ;* ***comparar a alguien con*** *: comparer qqn. à*

11. L'attitude héroïque des protagonistes **saute aux yeux**, ce qui **confère une certaine dimension** épique aux événements représentés.
heroico, a *: héroïque ;* ***el heroísmo*** *: l'héroïsme ;* ***el héroe*** *: le héros ;* ***la heroína*** *: l'héroïne ;* ***conferir (ie, i)*** *: conférer*

12. **Grâce aux** points d'exclamation **nous réalisons** à quel point le journaliste est indigné.
percatarse de *: se rendre compte de, réaliser ;* ***lo*** *+ adj. +* ***que*** *= à quel point*

4. Situer un passage, un objet

1. **A la troisième ligne** la même expression se répète.
repetir (i) *: répéter*

2. **Au milieu du second paragraphe**, le symbole de la faux réapparaît pour évoquer la mort.
el símbolo *: le symbole ;* ***simbolizar*** *: symboliser*

3. **A partir de la quatrième ligne** l'auteur plante le décor.
cuarto, a *: quatrième*

4. **A la ligne 20**, le narrateur décrit la maison de son enfance.
describir *: décrire ;* ***la niñez*** *: l'enfance (****la infancia****)*

5. **En las últimas diez líneas**, el sueño se convierte en una pesadilla.

6. **Ya en las primeras palabras** se desprende un sentimiento de tristeza.

7. **Al final** se trasluce el desengaño que experimenta la anciana.

8. Si miramos **de arriba abajo**, podemos ver el paisaje, luego el caserío y **abajo del todo** a un campesino.
9. **Al fondo, detrás de** la ciudad, se extiende la llanura hasta perderse de vista.
10. La mirada recorre el cuadro **del ángulo derecho al ángulo izquierdo**.

11. El personaje que está **en primer término ocupa la mitad** del cuadro.

5. Formular una transición

1. Estas dos frases **sirven de transición a** la segunda parte.

2. **Sin transición alguna**, irrumpe **de repente** un diálogo en medio de la narración.

3. **El vínculo** entre los dos párrafos se hace **mediante** una pregunta.

4. **Se vinculan** todos los párrafos del mismo modo.
5. **De ahora en adelante** el narrador **vincula** la relación de los hechos históricos **a** su propia vida.

5. **Dans les dix dernières lignes**, le rêve se transforme en cauchemar.
convertirse (ie, i) en *: se transformer en, devenir ;* ***el sueño*** *: le rêve / le sommeil ;* ***una pesadilla*** *: un cauchemar*

6. **Dès les premières mots** il se dégage un sentiment de tristesse.
desprenderse (de) *: se dégager, émaner (de)*

7. **A la fin** apparaît la désillusion que ressent la vieille femme.
traslucirse *: apparaître, transparaître ;* ***experimentar*** *: ressentir (**sentir**)*

8. Si nous regardons **de haut en bas**, nous pouvons voir le paysage, puis la ferme et **tout en bas** un paysan.

9. **Au fond, derrière** la ville s'étend la plaine à perte de vue.
extenderse (ie) *: s'étendre*

10. Le regard parcourt le tableau **de l'angle droit à l'angle gauche**.
El ángulo derecho *: l'angle droit ;* ***a la derecha*** *: à droite ;* ***de izquierda a derecha*** *: de gauche à droite.*

11. Le personnage qui est **au premier plan occupe la moitié** du tableau.

5. Formuler une transition

1. Ces deux phrases **servent de transition à** la seconde partie.
servir (i) para *: servir à ;* ***servir de*** *: servir de ;* ***una transición*** *: une transition*

2. **Sans transition aucune**, un dialogue fait **soudain** irruption au beau milieu de la narration.
alguno, a *: quelque ;* ***ninguno, a*** *: aucun ;* ***sin ninguna transición = sin transición alguna*** *(**ninguno** peut être remplacé, dans une phrase négative ou après **sin**, par **alguno** qui est dans ce cas postposé au nom)*

3. **Le lien** entre les deux paragraphes se fait **par l'intermédiaire d**'une question.
el vínculo *: le lien, le trait d'union*

4. Tous les paragraphes **sont reliés** de la même façon.

5. **Désormais** le narrateur **relie** le récit des faits historiques **à** sa propre vie.
vincular a *: relier à, faire le lien avec ;* ***la relación*** *: la relation (ici, sens de relater), le récit, la narration*

6. **Ahora cabe preguntarse en qué medida la relación entre** los hechos evocados contribuye a aclarar el problema.

7. Si **relacionamos** el segundo párrafo **con** el tercero, notamos un enfoque distinto.

8. **Con respecto a** la estrofa anterior, podemos observar un cambio de ritmo.

9. **En cuanto al** trasfondo, nos permite ubicar le escena.

10. **Conviene ahora evocar** el papel del color.

11. Si **volvemos a** la primera viñeta, **ahora comparándola con** la última, la transformación del personaje es evidente.

12. Sin **anticipar** la conclusión, podemos afirmar que...

13. Esto nos **lleva directamente a** la conclusión.

6. Referirse al documento

1. Pienso esto **refiriéndome** precisamente **a** lo que escribe el autor.

2. **Según** el autor del artículo, habría remedios.

3. No hay que **tomar al pie de la letra cuanto dice.**

4. **Lo digo por** la acumulación de gerundios.
5. **Está escrito con todo detalle** en la introducción.

6. **Il convient maintenant de se demander dans quelle mesure la relation entre** les faits évoqués contribue à clarifier le problème.
cabe *+ inf. : il convient de + inf. ;* ***la relación*** *: (ici) la relation, le rapport ;* ***aclarar*** *: éclaircir, clarifier*

7. Si **nous mettons en rapport** le second paragraphe **avec** le troisième, nous remarquons une différence d'approche.
relacionar con *: rattacher, relier ; mettre en rapport*

8. **Par rapport à** la strophe précédente, nous pouvons observer un changement de rythme.
con respecto a, respecto a *: par rapport à (**con relación a**)*

9. **Quant à** l'arrière-plan, il nous permet de situer la scène.
permitir *+ inf. : permettre de + inf.*

10. **Il convient d'évoquer maintenant** le rôle de la couleur.
conviene *+ inf. : il convient de + inf.*

11. Si **nous revenons** au premier dessin, **en le comparant maintenant au** dernier, la transformation du personnage est évidente.
volver (ue) *: revenir*

12. Sans **anticiper sur** la conclusion, nous pouvons affirmer que...
anticipar *: (verbe transitif) dire à l'avance, anticiper sur (**anticipar los hechos** : anticiper sur les faits)*

13. Cela nous **amène directement à** la conclusion.

6. Se référer au document

1. Je pense cela **en me référant** précisément **à** ce qu'écrit l'auteur.
referirse a (ie, i) *: se référer à*

2. **D'après** l'auteur de l'article, il y aurait des solutions.
según *: selon, d'après*

3. Il ne faut pas **prendre au pied de la lettre tout ce qu'il dit**.
cuanto *:* ***todo lo que***

4. **Je dis cela à cause de** l'accumulation des gérondifs.

5. **C'est écrit noir sur blanc** dans l'introduction.
escrito *: participe passé irrégulier de* ***escribir***

6. **La oración subordinada de tiempo nos indica que** se trata del pasado.

7. **Vuelve a escribir palabra por palabra** la frase del principio.

8. **Este vocablo** nos **remite a los términos relativos a** la guerra ya empleados antes.
9. **Se dice aquí** lo que se podía **barruntar**.

10. **Se puede leer aquí** el parecer del autor **sobre** la violencia urbana.

11. Para mostrarlo, podemos **citar un pasaje** del texto.

12. **Esto, no lo digo yo sino el autor** cuando apunta que...

7. Aprobar

1. **Estoy de acuerdo con** su manera de enfocar el problema.
2. **Comparto plenamente la opinión** del autor.

3. **Como el autor**, **creo que** son muchos los que no se dan cuenta de la gravedad del asunto.
4. **Me parece acertada** la conclusión.
5. **A mis ojos, lleva toda la razón**.

6. **Lo veo tan claro como él**.
7. **Entiendo perfectamente** su reacción.
8. **Experimento el mismo sentimiento** de rebeldía, de indignación.

6. **La subordonnée circonstancielle de temps nous indique qu**'il s'agit du passé.
la oración *: (ici) la phrase*

7. **Il récrit mot pour mot** la phrase du début.
volver a *+ inf. exprime la répétition ;* ***vuelve a escribir*** *=* ***escribe de nuevo***

8. **Ce mot** nous **renvoie aux termes relatifs à** la guerre déja employés auparavant.

9. **Il est dit ici** ce que l'on pouvait **deviner**.
se dice *(tournure impersonnelle) : on dit, il est dit*

10. **On peut lire ici** l'opinion de l'auteur **sur** la violence dans les villes.
sobre *: sur, à propos de ; observez l'emploi de l'adjectivation :* ***la violencia urbana*** *: la violence dans les villes (de même :* ***el paro juvenil*** *: le chômage des jeunes ;* ***el mundo empresarial*** *: le monde de l'entreprise, etc.)*

11. Pour le montrer, nous pouvons **citer un passage** du texte.
un pasaje, un trozo, un extracto *: un passage, un morceau, un extrait ;* ***una cita*** *: une citation*

12. **Ce n'est pas moi qui dit cela, mais l'auteur** quand il fait remarquer que...

7. Approuver

1. **Je suis d'accord avec** sa manière d'envisager le problème.

2. **Je partage totalement l'avis** de l'auteur.
compartir la opinión de *: partager l'avis de ;* ***en mi opinión*** *: à mon avis*

3. **Je crois**, **comme l'auteur**, **que** nombreux sont ceux qui ne se rendent pas compte de la gravité de l'affaire.

4. La conclusion **me semble juste**.

5. **A mes yeux, il a totalement raison.**
llevar la razón *: avoir raison ;* ***no llevar la razón*** *: avoir tort*

6. **Je vois cela exactement comme lui**.

7. **Je comprends parfaitement** sa réaction.

8. **Je ressens le même sentiment** de révolte, d'indignation.

9. **Opino en parte como** el articulista.

10. El escritor denuncia, y **con razón**, la despreocupación de los poderes públicos.
11. **Apruebo** sus palabras pero **con cierto reparo**.

12. Como los ecologistas, **soy partidario de** una protección de la naturaleza en el ámbito mundial.

13. **Es innegable que** la igualdad de oportunidades es un derecho.

8. Discutir

1. **En contra de lo que** dice el periodista, pienso que...
2. Los jóvenes **son menos contrarios al matrimonio que** hace unos años.

3. **Ahora bien**, se puede **discutir**.

4. Esto parece cierto, **sin embargo me cuesta creerlo**.
5. No sé si se puede afirmar esto **con certeza**.

6. Se puede **poner en entredicho** el valor de algunas de estas afirmaciones.
7. Este argumento me parece muy **discutible**.
8. **Por lo contrario**, estoy convencido de que...
9. Pienso **todo lo contrario**.

10. Hay que **cuestionar** esta concepción del mundo.

9. **Je suis d'accord en partie avec** l'auteur de l'article.
opinar de *: penser, avoir une opinion sur ;* ***opinar como*** *: penser la même chose que*

10. L'écrivain dénonce, et **à juste titre**, l'insouciance des pouvoirs publics.
con razón *: avec raison, à juste titre*

11. **J'approuve** ses propos mais **avec une certaine réserve**.
aprobar (ue) *: approuver ;* ***un reparo*** *: une réserve, une réticence ;* ***la palabra*** *: la parole, le mot ; (pl.) les propos*

12. Comme les écologistes, **je suis pour** une protection de la nature au niveau mondial.
ser partidario de, estar por *: être pour, être favorable à*

13. **Il est indéniable que** l'égalité des chances est un droit.
innegable *: indéniable, incontestable*

8. Contester

1. **Contrairement à ce que** dit le journaliste, je pense que...
2. Les jeunes **sont moins opposés au mariage** qu'il y a quelques années.
ser contrario a, no ser partidario de, estar en contra de *; être contre, être opposé à*

3. **Cela dit**, cela peut se **discuter**.
discutir *: discuter, contester*

4. Cela paraît certain, **pourtant j'ai du mal à le croire**.
5. Je ne sais pas si on peut affirmer cela **avec certitude**.

6. On peut **mettre en doute** la valeur de certaines de ces affirmations.
7. Cet argument me semble très **contestable**.
8. **Au contraire**, je suis convaincu que...
9. Je pense **tout à fait le contraire**.

10. Il faut **remettre en question** cette conception du monde.

11. Esta descripción no corresponde a la realidad; para mí, **se equivoca**.

12. Siempre se puede **poner reparos a** todo.

9. Criticar, expresar una opinión

1. No me gustan las afirmaciones **rotundas**.
2. En lo que se refiere a la emancipación, **no conectamos**.

3. Habría que **replantearse** el problema por completo.

4. Esta visión no me parece muy **novedosa**.
5. Son los mismos **clisés repetidos hasta la saciedad**.
6. El autor **se conforma con** repetir prejuicios y tópicos.
7. No por eso se puede **dar por finalizada la cuestión**.

8. Al fin y al cabo **me resulta molesto** este punto de vista.
9. **Esto**, **lo encuentro muy actual**.
10. **No veo por qué** habría que aceptar esto sin chistar.

11. Estos argumentos me parecen ya **anticuados de cara a la actualidad**.

12. Sería necesario **debatir el problema con más seriedad**.
13. **Siempre es fácil criticar**, denunciar o condenar a uno.

14. A menudo es difícil **formular un juicio**.

11. Cette description ne correspond pas à la réalité ; à mon avis, **il se trompe**.
12. On peut toujours **faire des objections à** tout.

9. Critiquer, exprimer un jugement

1. Je n'aime pas les affirmations **catégoriques**.
2. Sur cette question de l'émancipation, **nous ne sommes pas sur la même longueur d'onde**.
en lo que se refiere a *: pour ce qui est de, sur cette question de*
3. Il faudrait totalement **reconsidérer** le problème.
por completo *: totalement*
4. Cette vision ne me semble pas très **nouvelle**.
5. Ce sont les mêmes **clichés qui reviennent sans cesse**.
6. L'auteur **se contente de** répéter des préjugés et des lieux communs.
7. On ne peut pas **estimer la question réglée** pour autant.
dar por *+ participe passé : considérer comme*
8. Au bout du compte, **je trouve** ce point de vue **dérangeant**.
9. **Je trouve cela tout à fait d'actualité**.
10. **Je ne vois pas pouquoi** il faudrait accepter cela sans mot dire.
sin chistar, sin decir ni pío *: sans rien dire, sans dire un mot*
11. Ces arguments me paraissent bien **dépassés face à l'actualité**.
de cara a, frente a, ante *: face à, devant, en raison de*
12. Il faudrait **discuter du problème plus sérieusement**.
13. **Il est toujours facile de critiquer**, de dénoncer ou de condamner quelqu'un.
es fácil *+ inf. : il est facile de + inf.*
14. Il est souvent difficile d'**émettre un avis**.

10. Expresar la causa

1. El autor se interroga sobre **las causas** de esta plaga que azota España.

2. Uno se pregunta **por qué** pasa por alto las desventajas de este sistema.

3. Este recorte de prensa nos muestra **el porqué** de tal fenómeno social.

4. Es necesario explicar primero **los orígenes** de esta civilización.

5. Intenta demostrar lo que **genera** la pobreza de los emigrados.

6. Quiere que sintamos su emoción, **por eso** nos muestra al niño en primer plano.

7. Está enfadado. Lo noto **por** la cara que pone.

8. Lo detuvieron **por haber** robado.

9. Ahora se entiende mejor lo que **motivó** su actitud.

10. Su afición a los toros lo **llevó a** abogar por la tauromaquia.

10. Exprimer la cause

1. L'auteur s'interroge sur **les causes** de ce fléau qui frappe l'Espagne.
la plaga *: le fléau ;* ***azotar*** *: frapper ;* ***España*** *: pas d'article devant les noms de pays*

2. On se demande **pourquoi** il passe sous silence les inconvénients de ce système.
uno *: on (quand le locuteur s'inclut dans cette tournure impersonnelle qui exprime une généralité) ;* ***pasar por alto*** *: laisser de côté, passer sous silence ;* ***una desventaja ≠ una ventaja*** *(fém.) : un inconvénient ≠ un avantage*

3. Cette coupure de presse nous montre **le pourquoi** d'un tel phénomène social.
un recorte *(masc.) une coupure de presse ;* ***muestra*** *:* ***mostrar (ue)*** *;* ***el porqué*** *(en un seul mot, avec un accent) : le pourquoi ;* ***tal*** *: n'est pas précedé de l'article indéfini*

4. Il est nécessaire d'expliquer d'abord **les origines** de cette civilisation.
explicar *: inf. sujet, n'est pas précédé de la préposition ;* ***el origen*** *(masc.) : l'origine* ***(los orígenes)***

5. Il essaie de démontrer ce qui **est à l'origine de** la pauvreté des émigrés.
intentar *se construit sans préposition ;* ***generar*** *: être à l'origine de, provoquer.*

6. Il veut que nous ressentions son émotion, **c'est pourquoi** il nous montre l'enfant en gros plan.
sintamos *: subj. prés. de* ***sentir (ie, i)*** *: ressentir ;* ***muestra*** *de* ***mostrar (ue)*** *;* ***primer*** *: apocope de* ***primero*** *devant un nom masc. sing.*

7. Il est fâché. Je le remarque à son visage.
por *: à cause de ;* ***la cara que pone*** *: la tête qu'il fait*

8. Il a été arrêté **parce qu'il a** commis un vol.
detuvieron *: passé simple de* ***detener*** *; la troisième personne du pluriel équivaut à "on" (l'espagnol préfère la forme active à la forme passive : on l'a arrêté pour vol) ;* ***robar*** *: voler ;* ***el robo*** *: le vol*

9. Maintenant on comprend mieux ce qui **a motivé** son geste.
se entiende (entender) *: "on" peut se traduire par* ***se*** *+ la troisième personne ;* ***lo que*** *: ce qui (ou ce que) ;* ***motivó*** *: passé simple de* ***motivar*** *: motiver, expliquer*

10. Sa passion pour les taureaux l'**a conduit à** plaider en faveur de la tauromachie.
la afición a *: la passion pour (****ser aficionado a*** *: être passionné de, amateur de) ;* ***abogar por*** *: plaider pour, prendre la défense de*

11. Pudo comprobarlo **gracias al** testimonio de un superviviente.

12. Para el novelista, es un hecho relevante **dado que** lo subraya por un giro enfático.

13. **De tanto** persuadirse, acabó creyéndolo.

14. Se endeudó **por culpa del** terrateniente.

15. Poco a poco van abandonando el campo **por falta de** empleo.

11. Expresar la consecuencia

1. Es un problema candente, **luego** el periodista quiere liamarle la atención al lector.

2. El autor recurre a una repetición ; insiste **pues** en lo que sintió.

3. El humorista hace una caricatura; **así que** deforma la realidad.

4. La palabra encabeza el verso, **por lo tanto** cobra mucha fuerza.

5. El escritor ilustra su reflexión con ejemplos personales y se refiere **por consiguiente** a su propia experiencia.

11. Il a pu le vérifier **grâce au** témoignage d'un survivant.
pudo *: passé simple irrég. de* ***poder*** *;* ***gracias a*** *: grâce à*

12. Pour le romancier, c'est un fait très important **puisqu**'il le souligne par une tournure emphatique.
un hecho *(vient du verbe* ***hacer****) : un fait ;* ***relevante*** *: éminent, remarquable ;* ***dado que*** *(du verbe* ***dar****) : étant donné que ;* ***un giro****, masc. : une tournure*

13. **A force de** se persuader, il a fini par y croire.
persuadirse, creyéndolo *: enclise du pron. pers. à l'inf. et au gér.*

14. Il s'est endetté **à cause du** grand propriétaire terrien.
endeudarse *: s'endetter ;* ***por culpa de****, littéralement : par la faute de*

15. Peu à peu ils abandonnent la campagne **par manque d'**emploi.
van abandonando *(ir + gér. traduit l'action progressive) : ils abandonnent petit à petit*

11. Exprimer la conséquence

1. C'est un problème brûlant, le journaliste veut **donc** attirer l'attention du lecteur.
un problema, un periodista *: masc. bien que terminés par un "a"*

2. L'auteur recourt à une répétition ; il insiste **donc** sur ce qu'il a ressenti.
recurrir a *: recourir à ;* ***pues****, s'il suit le verbe, signifie "donc" ;* ***sintió*** *: passé simple de* ***sentir (ie, i)*** *: sentir, éprouver*

3. L'humoriste fait une caricature ; il déforme **donc** la réalité.
así que *: donc, par conséquent*

4. Le mot est en tête du vers, il acquiert **donc** une grande force.
encabezar *: être en tête de (ou à la tête de) ;* ***por lo tanto*** *: par conséquent ;* ***cobrar*** *: (ici) prendre, acquérir*

5. L'écrivain illustre sa réflexion par des exemples personnels et se réfère **par conséquent** à sa popre expérience.
referirse (ie, i) *: se référer, se rapporter ;* ***por consiguiente*** *=* ***por lo tanto*** *: par conséquent ;* ***propio, a*** *: propre, personnel*

6. Se precisa la fecha **de modo que** resulta fácil situar el acontecimiento en su contexto histórico.

7. Estas observaciones **desembocan en** una reflexión acerca del papel de la poesía.

8. Su actitud **dio lugar a** las críticas de sus adversarios políticos.

9. Este conflicto **acarreó consecuencias** gravísimas.

10. Cien manifestantes **resultaron** heridos **como consecuencia** de violentos disturbios callejeros.

11. La crisis **llevó** al gobierno **a** tomar medidas drásticas.

12. Pinta la escena con **tanta** sutileza **que** parece ser un cuadro vivo.

13. **Se deduce de ello** que la escena pasa después de la guerra civil.

12. Suponer

1. **Me figuro** que la foto fue sacada en un puerto.

2. El anuncio **deja suponer** que Cuba es una isla paradisiaca.

3. Es de **suponer** que la acción pasa de noche.

6. La date est précisée **de sorte qu**'il est facile de situer l'événement dans son contexte historique.
***se precisa**, littéralement : on précise (tournure active, impersonnelle) ; **de modo que** (**de manera que**) : de sorte que ; **resultar** = ser (semi-auxiliaire qui ajoute une nuance de résultat)*

7. Ces remarques **débouchent sur** une réflexion sur le rôle de la poésie.
***desembocar en** : déboucher sur ; **acerca de** : à propos de, au sujet de*

8. Son attitude **a provoqué** les critiques de ses adversaires politiques.
***dar lugar a** : donner lieu à*

9. Ce conflit **a entraîné** de très graves **conséquences**.
***acarrear** : entraîner, provoquer ; **las consecuencias** : les conséquences*

10. Cent manifestants ont été blessés **par suite** de violents troubles de rues.
***cien** : cent (apocope de "**ciento**" devant un nom) ; **herir (ie, i)** : blesser ; **resultar herido** : être blessé (lorsqu'on envisage le résultat) ; **como consecuencia** : par suite de, en conséquence de ; **callejero, a** (adj. formé sur "**calle**") : de rue*

11. La crise **a conduit** le gouvernement **à** prendre des mesures drastiques.
***llevar a** : conduire à, amener à ; **el gobierno** : le gouvernement (de "**gobernar**" (**ie**) : gouverner)*

12. Il peint la scène avec **une telle** subtilité **qu**'on dirait un tableau vivant.
***tanto, a** + nom + **que** : un tel, une telle (+ nom) que ; **parecer** : sembler, paraître*

13. **On en déduit** que la scène se passe après la guerre civile.
***deducir** : déduire ; **ello** : cela ; **pasar** (verbe non pronominal) : se passer ; **después de** : après*

12. Supposer

1. **Je suppose** que la photo a été prise dans un port.
***figurarse** : supposer, imaginer ; **sacar una foto** : prendre une photo ; **fue sacada** : la forme passive se construit avec le verbe ser*

2. La publicité **laisse supposer** que Cuba est une île paradisiaque.
***paradisiaco, a** : paradisiaque ; **el paraíso** : le paradis.*

3. Il convient de **supposer** que l'action se passe la nuit.
***ser de** + inf. : convenir, falloir ; **de noche** : pendant la nuit*

4. **Puede que** refleje el estado de ánimo del protagonista.

5. **Es posible que** al director de cine le haya interesado el carácter enigmático del personaje.

6. **Quizás** sobrentienda lo penoso que le resultó. **Puede ser**.

7. **Tal vez** los jóvenes no se den por aludidos.

8. **Acaso** les guste pasarse el tiempo discutiendo.

9. **A lo mejor** lo añade con el fin de que sintamos lo decisivo que es.

10. No es sino **una suposición** mía.

11. Es una mera **hipótesis** de lector.

12. **Por lo visto** le preocupa conocer las causas de este fenómeno sorprendente.

13. **A mí me parece** extraño que reaccione de esta forma.

14. **Cualquiera diría** que quiso llamar la atención en el lema del anuncio.

15. **Lo más probable es que** lo haga para subrayar las semejanzas.

4. **Il se peut que** cela reflète l'état d'esprit du personnage.
puede que *+ subj. : il se peut que ;* ***reflejar*** *: refléter*

5. **Il est possible que** le réalisateur ait été intéressé par le caractère énigmatique du personnage.
interesarle a uno *: intéresser quelqu'un (se construit comme* ***gustarle a uno*** *;* ***haya*** *: subj. prés. de* ***haber***

6. **Peut-être** sous-entend-il à quel point cela lui fut pénible. **C'est possible**.
Quizás, tal vez, acaso *(+ subj.) : peut-être ;* ***sobrentender (ie)*** *: sous entendre ;* ***lo*** *+ adj. +* ***que*** *: à quel point, combien ;* ***resultar*** *: ser*

7. **Peut-être** les jeunes ne se sentent-ils pas concernés.
un joven, jóvenes *(pl.) ;* ***darse por aludido*** *: se sentir concerné*

8. **Peut-être** aiment-ils passer leur temps à discuter.
pasarse el tiempo *+ gér. : passer son temps à (l'espagnol utilise le pronom personnel et l'article à la place du possessif) ;* ***discutir*** *: discuter*

9. **Peut-être** l'ajoute-t-il afin que nous sentions à quel point c'est décisif.
a lo mejor *+ ind. : peut-être ;* ***añadir*** *: ajouter ;* ***con el fin de que*** *+ subj. : afin de, dans le but de ;* ***sintamos*** *: prés. du subj. de* ***sentir (ie,i)***

10. Ce n'est qu'**une supposition** de ma part.
no *+ verbe +* ***sino*** *: ne...que ;* ***mío*** *(poss. qui s'accorde avec le nom qui le précède) : mien, à moi*

11. C'est une simple **hypothèse** de lecteur.
mero, a *: simple, pur*

12. **Apparemment** il est soucieux de connaître les causes de ce phénomène surprenant.
preocuparle a uno *(se construit comme* ***gustar****) : préoccuper, inquiéter qqn ;* ***sorprendente*** *: surprenant*

13. **Cela me paraît** étrange qu'il réagisse de cette façon.
reaccione *: subj. prés. de* ***reaccionar*** *: réagir*

14. **On dirait** qu'il a voulu attirer l'attention sur le slogan de la publicité.
cualquiera *: quiconque ;* ***diría*** *: cond. prés. de* ***decir*** *;* ***quiso*** *: passé simple de* ***querer*** *: vouloir*

15. Il le fait **probablement** pour souligner les ressemblances.
lo más probable *: littéralement : ce qu'il y a de plus probable ;* ***haga*** *: subj. prés. de* ***hacer***

16. Si se vale de una imagen tan sugestiva **debe de ser** para mostrar el apego a su país.

17. **Habrá** escogido el romance para recalcar la dimensión épica del acontecimiento.

18. Lo **diría** con segundas.

13. Dudar

1. No lo puedo afirmar porque **no estoy segura de que** lo haya hecho a propósito.

2. ¿Se resolverá pronto este problema? **Lo dudo**.

3. Para **sacar de dudas** al oyente, el periodista facilita datos recientes sobre el narcotráfico.

4. Este punto de vista en cuanto al conflicto generacional me **deja escéptica**.

5. El primer párrafo alude a la Reconquista, **a no ser que me equivoque**.

6. **No sé a punto fijo** lo que da a entender el autor con esta palabra.

7. **Vacilo en** responder.

8. **Lo sospechaba.**

16. S'il se sert d'une image aussi suggestive **cela doit être** pour montrer son attachement à son pays.
deber de *+ inf. : cela doit, il se peut que*

17. **Il a dû** choisir le *romance* pour souligner la dimension épique de l'événement.
habrá *(futur de* ***haber****), traduit l'hypothèse : il a dû avoir, il se peut qu'il ait*

18. **Il le disait sans doute** avec des sous-entendus.
diría *(cond. prés. de* ***decir****), traduit l'hypothèse dans le passé*

13. Douter

1. Je ne peux pas l'affirmer car **je ne suis pas sûre qu'**il l'ait fait exprès.
afirmarlo *: enclise du pronom personnel à l'infinitif ;* ***estar seguro de que*** *: être sûr que ;* ***haya hecho*** *: subj. passé de* ***hacer*** *;* ***a propósito*** *: exprès, volontairement*

2. Ce problème sera-t-il bientôt résolu ? **J'en doute**.
se resolverá *(futur de* ***resolver (ue)*** *: tournure active préférée en espagnol à la forme passive (littéralement : on résoudra) ;* ***este*** *: ce (démonstratif masc.)*

3. Pour **dissiper les doutes** de l'auditeur, le journaliste fournit des informations récentes sur le trafic de drogue.
sacar *: enlever ;* ***sacar de dudas a uno*** *: dissiper les doutes de qqn. ;* ***facilitar datos*** *: fournir des renseignements*

4. Ce point de vue à propos du conflit de générations me **laisse sceptique**.
en cuanto a *: quant à, en ce qui concerne ;* ***escéptico, a*** *: sceptique*

5. **Si je ne me trompe**, le premier paragraphe fait allusion à la Reconquête.
equivocarse *: se tromper ;* ***equívoco, a*** *: équivoque ;* ***primer*** *: apocope de* ***primero*** *devant un nom masc. sing. ;* ***aludir a*** *: faire allusion à*

6. **Je ne sais pas exactement** ce que l'auteur laisse entendre par ce mot.
sé (saber) *: je sais ;* ***a punto fijo*** *: de façon sûre ;* ***dar a entender*** *: laisser entendre (littéralement : donner à comprendre ; entendre :* ***oír****)*

7. **J'hésite à** répondre.
vacilar en *: hésiter à ;* ***las vacilaciones*** *: les hésitations*

8. **Je m'en doutais**.
sospechar *: se douter de, soupçonner*

14. Expresar una condición, lamentar

1. **Si** los versos no tienen el mismo número de sílabas, son versos libres.

2. **Si** fuera una foto en color, no tendría el mismo impacto.

3. **De** haber insistido más, el autor habría carecido de pudor.

4. **Como no se lean** las acotaciones escénicas, no se entiende toda la comicidad.

5. La situación cambiará **con tal que** tomemos las medidas necesarias.

6. Lo **siento**, no puedo responderte.

7. Los jóvenes **sienten no ir** al teatro más a menudo.

8. **Lamenta** la pérdida de los valores morales.

9. La palabra « **¡Ay!** » que inicia el poema da a entender que se trata de un lamento.

10. **Añora** la patria chica que tuvo que dejar hace años.

14. Exprimer une condition, un regret

1. **Si** les vers n'ont pas le même nombre de syllabes ce sont des vers libres.
si *+ indic. (car la condition est envisagée comme possible) ;* ***un número*** *: un nombre*

2. **Si** c'était une photo en couleur, elle n'aurait pas le même impact.
L'hypothèse rendue par "si" et l'indicatif imparfait en français se traduit en espagnol par ***si*** *+ le subjonctif imparfait (le verbe de la principale est au conditionnel comme en français :* ***tendría*** *(du verbe* ***tener****) : aurait)*

3. **Si** l'auteur avait insisté davantage, il aurait manqué de pudeur.
De *+ inf. =* ***si*** *+ subj. imp. : si ;* ***habría*** *: conditionnel de* ***haber*** *;* ***carecer de*** *: manquer de ;* ***el pudor*** *(masc.) : la retenue, la pudeur*

4. **Si on ne lit pas** les indications scéniques, on ne comprend pas toute la portée comique.
como *+ subj. : si ;* ***se lean*** *: subj. de* ***leer*** *(verbe au pluriel car accord avec le c.o.d.* ***acotaciones****) ;* ***se entiende*** *de* ***entender (ie)*** *: on comprend (verbe au singulier car accord avec le c.o.d.* ***comicidad****) ;* ***la comicidad*** *: le caractère comique*

5. La situation changera **pourvu que** l'on prenne les mesures nécessaires.
con tal que *+ subj. : pourvu que, à condition que*

6. **Je suis désolé**, je ne peux pas te répondre.
sentir (ie, i) *: regretter, être désolé (mais aussi : sentir, éprouver)*

7. Les jeunes **regrettent de ne pas aller** au théâtre plus souvent.
sentir *+ inf. = regretter de + inf. ;* ***a menudo*** *: souvent*

8. **Il déplore** la perte des valeurs morales.
lamentar *: déplorer, regretter ;* ***la pérdida*** *: la perte (porte un accent écrit à la différence du participe passé de* ***perder****) ;* ***el valor moral*** *(masc.) : la valeur morale*

9. Le mot « **Hélas !** » qui inaugure le poème laisse entendre qu'il s'agit d'une lamentation.
iniciar *: commencer, initier ;* ***un lamento*** *: une plainte, une lamentation (****lamentarse*** *: se plaindre)*

10. **Il regrette** son pays natal qu'il a dû quitter il y a des années.
añorar *: regretter (dans le sens d'avoir la nostalgie) ;* ***tuvo que*** *(passé-simple de* ***tener que****) : il a dû, il a été obligé de ;* ***dejar*** *: laisser, quitter ;* ***hace años*** *: il y a des années (le "il y a" temporel se traduit par le verbe hacer)*

11. **Echa de menos** la época en que vivía feliz con su familia.

12. Se siente invadido por **la nostalgia**.

13. Surgen de pronto recuerdos **nostálgicos** de la España republicana.

14. **Se arrepiente** de haberse mostrado tan severo.

15. **Tienen remordimientos por** no haber respetado el país conquistado.

16. **Le remuerde la conciencia** el recordar su acto.

17. **Me avergüenza** pensar que hay en el planeta gente que padece hambre.

18. **Nos da vergüenza** porque hubiéramos podido ayudarlos.

19. ¿**Se sienten culpables** los que no luchan contra la xenofobia?

20. **Es culpa nuestra** si va degradándose el medio ambiente.

11. **Il regrette** le temps où il vivait heureux avec sa famille.
echar de menos *(comme **añorar**) : regretter, avoir la nostalgie de ; **en que** : où (temporel ; **donde** ne traduit qu'une notion spatiale)*

12. Il se sent envahi par **la nostalgie**.
sentirse (ie, i) *: se sentir ; **invadir** : envahir*

13. Tout à coup surgissent des souvenirs **nostalgiques** de l'Espagne républicaine.
surgir *: surgir, naître ; **de pronto** : soudain ; **nostálgico, a** : nostalgique (la nostalgie = **la nostalgia**) ; **la España republicana** : l'article est utilisé devant le nom de pays lorsque celui-ci est défini*

14. **Il se repent** d'avoir été si sévère.
arrepentirse (ie, i) *: se repentir, avoir des remords ; **haberse mostrado** : inf. passé de **mostrarse (ue)** : se montrer, être*

15. **Ils ont des remords de** ne pas avoir respecter le pays conquis.
tener remordimientos por *: avoir des remords pour (**por** a une valeur causale) ; **por** + inf. = **porque** + vb. conjugué : **por no haber respetado** = **porque no han respetado***

16. Il est rongé par le remords quand il repense à son acte.
remorderle (ue) la conciencia a uno *: être rongé par le remords (le sujet de **remuerde** est **el recordar**) ; **el** + inf. = le fait de*

17. **J'ai honte de** penser qu'il y a sur la planète des gens qui souffrent de la faim.
avergonzar (ue) *: faire honte (se construit comme **gustar** ; **pensar** étant sujet de **avergonzar** il n'est pas précédé d'une préposition comme en français)*

18. **On est honteux** car on aurait pu les aider.
dar vergüenza = avergonzar (ue) *: faire honte ; **la vergüenza** : la honte ; **hubiéramos** : subjonctif imparfait de **haber** ayant une valeur de conditionnel ; **ayudarlos** : les aider*

19. **Se sentent-ils coupables** ceux qui ne luttent pas contre la xénophobie ?
ser culpable *: être coupable ; **los que** : ceux qui (pl. de **el que**) : on emploie en espagnol l'article et non le démonstratif comme en français)*

20. **C'est de notre faute** si l'environnement se dégrade peu à peu.
la culpa *: la faute ; **es culpa mía** : c'est de ma faute ; **ir** + gér. = peu à peu (idée de progression)*

21. El gobierno no hizo lo que **debiera**.

22. El usuario suele **quejarse** del poco respeto con el que se le trata.

23. Este soneto se caracteriza por su tono melancólico y **quejumbroso**.

24. Lo hizo **a pesar suyo**.

25. **Es una lástima que** unos problemas tan acuciantes **queden** sin resolver.

26. **¡Quién pudiera** ayudar a los más desfavorecidos!

27. **¡Ojalá hubiéramos tomado** conciencia de ello antes!

15. Comparar

1. La narradora **compara** al personaje **con** un autómata.

2. Se puede **equiparar** dicha época **con** la de la década anterior.

21. Le gouvernement n'a pas fait ce qu'**il aurait dû**.
el gobierno, *de* ***gobernar (ie)*** *: le gouvernement ;* ***hizo*** *(passé simple de hacer) : a fait ;* ***debiera*** *: il aurait dû (subj. imp. à valeur de conditionnel)*

22. L'usager **se plaint** généralement du peu de respect avec lequel on le traite.
soler (ue) *+ inf. (sans préposition) : avoir l'habitude de ;* ***el poco respeto*** *: le peu de respect ;* ***tratar*** *: traiter ;* ***se trata*** *: on traite*

23. Ce sonnet se caractérise par son ton mélancolique et **plaintif**.
melancólico, a *: mélancolique (****la melancolía*** *: la mélancolie) ;* ***quejumbroso, a*** *: plaintif (du verbe* ***quejarse*** *: se plaindre) ;* ***la queja*** *: la plainte*

24. Il l'a fait **malgré lui**.
hizo *(passé simple de* ***hacer****) : il a fait ;* ***a pesar suyo*** *: malgré lui, contre son gré (****a pesar mío*** *: malgré moi) ;* ***el pesar*** *: le regret, la peine ;* ***mío, tuyo****... : possessif postposé*

25. **Il est dommage que** des problèmes si urgents ne **soient** pas résolus.
la lástima *: la pitié, la lamentation ;* ***ser una lástima que*** *+ subj. être dommage que ;* ***acuciante*** *: urgent, pressant ;* ***quedar*** *: rester (semi-auxiliaire qui équivaut à* ***estar****) ;* ***quedar sin resolver*** *: être non résolu*

26. **Ah ! si je pouvais** aider les plus démunis !
¡quién! *+ subj. imp. : ah ! si..., exprime un souhait accompagné de regrets ;* ***pudiera*** *: subj. imp. de poder ;* ***desfavorecido, a*** *: défavorisé, démuni*

27. **Ah ! si nous avions pris** conscience de cela avant !
¡ojalá! *+ subj. : plaise à Dieu, au ciel (mot d'origine arabe qui traduit un souhait) ;* ***hubiéramos tomado*** *: subj. plus que parfait de* ***tomar*** *: nous avions pris ;* ***ello*** *: cela, pron. pers. neutre*

15. Comparer

1. La narratrice **compare** le personnage **à** un automate.
comparar con *: comparer à*

2. On peut **comparer** cette époque **à** celle de la décennie antérieure.
se *+ troisième personne : on ;* ***equiparar con*** *: comparer, dans le sens de mettre sur le même plan ;* ***dicho, a*** *: ce, cette (participe passé de decir, il équivaut au démonstratif* ***este, esta****) ;* ***anterior*** *: antérieure (les comparatifs en* ***or*** *ne changent pas au féminin)*

3. En este periódico se leen dos puntos de vista **opuestos**.

4. Diría que, por su grafismo, esta publicidad **se parece a** una historieta.

5. El caricaturista **asemeja** la dictadura a un monstruo que actúa ciegamente.

6. Es de notar **una semejanza** entre los dos documentos.

7. Aunque las dos viñetas **parecen semejantes**, noto una diferencia en la expresión de la cara.

8. Estos versos **idénticos** se repiten **a modo de** estribillo.

9. En España pasa **igual que** en Francia.

10. No es de extrañar que tengan dos reacciones **distintas** dadas sus personalidades.

11. **Prefiero con mucho** el cuadro de Picasso al de Dalí.

12. El segundo párrafo **difiere** del primero por su tonalidad.

3. Dans ce journal on lit deux points de vue **opposés**.
se leen *: on lit (le verbe est à la troisième personne du pluriel car le c.o.d. avec lequel il s'accorde "**puntos**" est au pluriel) ;* ***el punto de vista*** *: le point de vue ;* ***opuesto, a*** *: opposé (pp. de* ***oponer****)*

4. Je dirais que, par son graphisme, cette publicité **ressemble à** une bande dessinée.
diría *: je dirais (condit. de* ***decir****) ;* ***por*** *: par, à cause de ;* ***parecerse a*** *: ressembler à (vb. pronominal en espagnol)*

5. Le caricaturiste **assimile** la dictature à un monstre qui agit aveuglément.
asemejar a *: assimiler à ;* ***actúa*** *(vb. actuar) : il agit ;* ***un acto*** *: un acte ;* ***ciego, a*** *: aveugle.*

6. Il convient de remarquer **une ressemblance** entre les deux documents.
es de *+ inf. : il convient de, il faut ;* ***notar*** *: remarquer, observer ;* ***una semejanza*** *(****un parecido****) : une ressemblance*

7. Bien que les deux vignettes **semblent identiques**, je remarque une différence dans l'expression du visage.
aunque *+ ind. : bien que ;* ***parecer semejante*** *: paraître semblable ;* ***la cara*** *: le visage*

8. Ces vers **identiques** se répètent **à la manière d'**un refrain.
idéntico, a *: identique ;* ***se repiten*** *:* ***de repetir (i)*** *;* ***a modo de*** *: en guise de, à la manière de ;* ***un estribillo*** *: un refrain*

9. En Espagne il se passe **la même chose qu'**en France.
pasar *(vb. non pronominal en espagnol) : se passer ;* ***igual que = lo mismo que*** *: la même chose que*

10. Ce n'est pas étonnant qu'ils aient deux réactions **différentes**, étant donné leurs personnalités.
extrañar *: surprendre ;* ***no es de extrañar*** *: ce n'est pas étonnant ;* ***tengan*** *: ils aient (subj. prés. de* ***tener****) ;* ***distinto, a*** *: différent ;* ***dado*** *: étant donné (pp. du vb.* ***dar****, s'accorde avec le nom* ***personalidades*** *dont il est épithète) ;* ***sus*** *: ses, leurs*

11. **Je préfère de beaucoup** le tableau de Picasso à celui de Dalí.
prefiero *:* ***de preferir (ie, i)*** *;* ***con mucho*** *: de beaucoup ;* ***el, la*** *: celui, celle ;* ***al de = a + el de*** *: à celui de*

12. Le second paragraphe **diffère** du premier par sa tonalité.
difiere de diferir (ie, i) = diferenciarse *: différer, être différent ;* ***por*** *: par, à cause de*

13. El padre, **a diferencia** del abuelo, se muestra comprensivo.

14. La autora **instaura una relación entre** ambos fenómenos.

15. El publicista **establece un vínculo** estrecho entre el lema y la foto.

16. Notamos entre las dos frases **un paralelismo** de construcción.

17. Aquí, el campo viene a ser **sinónimo** de paraíso.

18. Veinte años después, la situación **sigue igual** ; **no** se nota **ningún cambio**.

19. No es **lo mismo** comprender que justificar.

20. En la actualidad resulta **menos** fácil conseguir un empleo **que** cuando él hizo la carrera.

21. Es el coche **más** caro que existe.

22. Los peones de Guatemala siguen **tan** pobres **como** sus padres.

13. Le père, **à la différence** du grand-père, se montre compréhensif.
a diferencia de *: à la différence de ;* ***mostrarse (ue)*** *: se montrer, être (équivaut à* ***estar****) ;* ***comprensivo, a*** *(de* ***comprender****) : compréhensif*

14. L'auteur **instaure une relation entre** les deux phénomènes.
la autora *: l'auteur s'il s'agit d'une femme ;* ***ambos, as*** *: les deux, tous les deux (dont on a parlé précédemment)*

15. Le publicitaire **établit un lien** étroit entre le slogan et la photo.
el publicista *: le publicitaire ;* ***el lema*** *: le slogan (ces deux mots, bien que terminés par un* ***a*** *sont masculins) ;* ***establecer*** *: établir ;* ***un vínculo*** *: un lien*

16. Nous remarquons entre les deux phrases **un parallélisme** de construction.
notar *: remarquer, observer (noter dans le sens de "prendre en note" se dit* ***apuntar****)*

17. Ici, la campagne devient **synonyme** de paradis.
viene a ser *: il devient ;* ***sinónimo, a*** *: synonyme ;* ***el paraíso*** *: le paradis*

18. Vingt ans après, la situation **reste identique** ; on **ne** remarque **aucun changement**.
sigue igual*, de* ***seguir (i)*** *: elle est la même, elle reste identique ;* ***no*** *+ verbe +* ***ninguno*** *: aucun (****ninguno*** *s'apocope en* ***ningún*** *devant un nom masc. sing.) ;* ***un cambio*** *: un changement (****cambiar*** *: changer)*

19. Comprendre n'est pas **la même chose** que justifier.
ser lo mismo *: être la même chose*

20. Actuellement il est **moins** facile d'obtenir un emploi **que** lorsqu'il a fait ses études.
en la actualidad *: aujourd'hui, de nos jours ;* ***resultar fácil*** *=* ***ser fácil*** *(le semi-auxiliaire ajoute une idée de résultat) ;* ***menos... que*** *: moins... que ;* ***conseguir*** *: obtenir ;* ***hizo*** *: passé simple de* ***hacer*** *: il a fait ;* ***la carrera*** *: la carrière, les études supérieures ;* ***la (carrera)*** *: l'espagnol préfère l'emploi de l'article à celui du possessif*

21. C'est la voiture **la plus** chère qui soit.
el coche *(masc.) : la voiture ;* ***más*** *: le plus (au superlatif relatif l'espagnol ne répète pas l'article déjà utilisé devant le nom) ;* ***que existe (existir)*** *: qui existe, qui soit (l'espagnol, à la différence du français, n'emploie pas le subjonctif dans la proposition complément du superlatif si elle exprime un fait réel)*

22. Les paysans du Guatemala sont toujours **aussi** pauvres **que** leurs parents.
un peón *(l'accent disparaît au pluriel* ***peones****) : un paysan, un travailleur agricole ;* ***siguen pobres*** *: ils sont toujours pauvres (****seguir*** *+ adj. : continuer à être + adj.) ;* ***tan... como*** *: aussi... que*

23. Gracias al progreso ya no dedicamos **tanto** tiempo **como** antes a las tareas domésticas.

24. La sociedad de consumo nos incita a gastar **más de lo que** podemos.

25. Dicen que los niños se pasan **cada vez más** tiempo viendo la pequeña pantalla.

26. **Lo mejor** sería construir más guarderías infantiles.

16. Sugerir

1. **Sugiere** que reflexionemos sobre el pasado histórico de este país.

2. Se contenta con hacer **una sugerencia**.

3. El uso de este verbo es **sugestivo**.

4. El narrador **evoca** con cierta distancia una etapa de su vida en que sufrió mucho.

23. Grâce au progrès nous ne consacrons plus **autant de** temps **qu**'avant aux tâches domestiques.
gracias a *: grâce à ;* ***ya no*** *: ne plus ;* ***dedicar tiempo a*** *: consacrer du temps à ;* ***tanto...como*** *: autant...que ;* ***la tarea*** *: le travail, la tâche*

24. La société de consommation nous pousse à dépenser **plus que** nous ne le pouvons.
el consumo *: la consommation ;* ***incitar*** *: inciter, pousser ;* ***más de lo que*** *: plus que (la proposition complément du comparatif est introduite par* ***de lo (el, la, los, las) que*** *et le "ne" français ne se traduit pas)*

25. On dit que les enfants passent **de plus en plus de** temps devant le petit écran.
dicen *: on dit (les gens) ;* ***pasarse*** *+ durée + gér. : passer + durée + à + inf. ;* ***se pasan tiempo viendo*** *: ils passent du temps à regarder ;* ***cada vez más*** *: de plus en plus ;* ***la pequeña pantalla*** *: le petit écran, la télévision*

26. **Le mieux** serait de construire davantage de crèches.
lo mejor *: le mieux (superlatif de* ***bien*** *et de* ***bueno****) ;* ***sería*** *(condit. de* ***ser****)* ***construir*** *: serait de construire (la préposition "de" ne se traduit pas car l'infinitif est ici le sujet inversé) ;* ***más*** *: plus de, davantage de ;* ***una guardería infantil*** *: une crèche*

16. Suggérer

1. **Il suggère** que nous réfléchissions au passé historique de ce pays.
sugiere *de* ***sugerir (ie, i)*** *: il suggère ;* ***que reflexionemos sobre*** *: que nous réfléchissions à (subj. prés. de* ***reflexionar****), ne pas confondre avec* ***reflejar*** *: réfléchir, refléter*

2. Il se contente de faire **une suggestion**.
contentarse con *: se contenter de*

3. L'emploi de ce verbe est **suggestif**.
el uso *: l'emploi, l'utilisation (du vb.* ***usar*** *: utiliser) ;* ***ser sugestivo, a*** *: être suggestif*

4. Le narrateur **évoque** avec un certain recul une étape de sa vie où il a beaucoup souffert.
en que *: où (le relatif exprimant une notion temporelle ne peut jamais se traduire par* ***donde*** *qui renvoie à un lieu) ;* ***sufrió*** *(passé simple de* ***sufrir****) : il a souffert*

5. Me gusta la metáfora del poeta por ser **evocadora** del mundo en el que se mueve.

6. Al recurrir a este adverbio, el novelista **da a entender** que el protagonista se siente a gusto.

7. Este párrafo **alude** al Chile de los años setenta.

8. No concluye la historia pero sí **deja adivinar** el desenlace.

9. A través de esta expresión **alusiva** se **presiente** que algo va a ocurrir.

10. Se **sobrentiende** aquí que todos conocen el hecho político al que se refiere el articulista.

11. Si fuera al grano en vez de **hablar con segundas**, su interlocutor lo entendería mejor.

12. El demostrativo "ese" **connotado** despectivamente recalca su desprecio.

13. En esta estrofa el epíteto "frío" **suena a** muerte.

5. J'aime bien la métaphore du poète car elle est **évocatrice** du monde dans lequel il évolue.
por ser* = *porque es *: parce qu'elle est ;* ***evocador, a*** *: évocateur ;* ***se mueve*** *de* ***moverse (ue)*** *: bouger, évoluer*

6. En employant cet adverbe, le romancier **laisse entendre** que le personnage se sent bien.
recurrir a *: recourir à, employer ;* ***entender* = *comprender*** *;* ***a gusto*** *: à son aise*

7. Ce paragraphe **fait allusion** au Chili des années soixante-dix.
aludir *: faire allusion ;* ***el Chile de...*** *: le Chili de... (si le pays est déterminé, il est précédé de l'article)*

8. Il ne conclut pas l'histoire mais en revanche **il laisse deviner** le dénouement.
concluye *: il conclut (**concluir**) ;* ***pero sí*** *: mais en revanche ;* ***dejar adivinar*** *: laisser deviner*

9. A travers cette expresion **allusive** on **pressent** que quelque chose va arriver.
a través de *: à travers ;* ***alusivo, a*** *(vient de **aludir**) : allusif ;* ***se presiente*** *de* ***presentir (ie, i)*** *: on pressent ;* ***algo*** *: quelque chose ;* ***ocurrir*** *: se produire, arriver*

10. On **sous-entend** ici que tout le monde connaît le fait politique auquel se réfère le journaliste.
se sobrentiende *de* ***sobrentender (ie)*** *: on sous-entend ;* ***todos*** *: tout le monde ;* ***el hecho*** *: le fait (vient du pp. de **hacer**) ;* ***referirse a (ie, i)*** *: se référer à ;* ***el articulista*** *: le journaliste*

11. S'il entrait dans le vif du sujet au lieu de **parler par sous-entendus**, son interlocuteur le comprendrait mieux.
si fuera (ir) *: s'il allait (subj. imp. après le si de condition) ;* ***ir al grano*** *: aller droit au but, parler sans détours ≠* ***hablar con segundas*** *: parler par sous-entendus ;* ***segundo, a*** *: second ;* ***entendería*** *: il comprendrait (cond. prés. de **entender (ie)**)*

12. Le démonstratif "ce" **par sa connotation** péjorative souligne son mépris.
ese *: ce, à la différence de **este**, peut avoir une connotation péjorative ;* ***connotar*** *: connoter, avoir une connotation de ;* ***despectivo, a*** *: péjoratif*

13. Dans cette strophe l'épithète "froid" **a une connotation de** mort.
un epíteto *(masc.) : une épithète ;* ***suena a***, *de* ***sonar (ue)*** *: a une connotation de, évoque, fait penser à ;* ***la muerte*** *: la mort*

14. Al usar tal vocablo **insinúa** que el gobierno tiene la culpa.

15. No afirma su punto de vista sino que lo deja **vislumbrar**.

17. Asombrarse, indignarse

1. El principio del texto **es sorprendente** porque no sabemos a quién se dirige el narrador.

2. Lo cómico estriba en el efecto de **sorpresa** creado por la última viñeta.

3. **No es de extrañar que** vuelva a casa rendida después de una jornada tan agotadora.

4. Se le ve en la cara una expresión **extraña**.

5. La autora nos lo revela **cuando menos nos lo esperamos**.

6. **Uno no da crédito a sus ojos** al leer este dato.

14. En employant ce terme **il insinue** que le gouvernement est responsable.
al usar* = *cuando usa *: en employant ;* ***tal*** *: un tel (s'utilise sans article ; pl. :* ***tales*** *: de tels) ;* ***un vocablo*** *: un terme, un mot ;* ***insinuar*** *: insinuer ;* ***tener la culpa*** *: être responsable, coupable*

15. Il n'affirme pas son point de vue mais le laisse **entrevoir**.
el punto de vista *: le point de vue ;* ***no... sino que*** *: ne... mais (devant un verbe conjugué la conjonction* ***que*** *est obligatoire) ;* ***lo*** *: le (masc. sing. car renvoie à* ***punto****) ;* ***vislumbrar*** *: entrevoir, apercevoir*

17. S'étonner, s'indigner

1. Le début du texte **est surprenant** car nous ne savons pas à qui s'adresse le narrateur.
ser sorprendente *: être surprenant (****sorprender****) ;* ***dirigirse a*** *: s'adresser à (autre sens : se diriger vers)*

2. Le comique repose sur l'effet de **surprise** créé par la dernière vignette.
lo *+ adj. : ce qui est, ce qu'il y a de ;* ***estribar en*** *: reposer sur, être fondé sur ;* ***la sorpresa*** *: la surprise ;* ***crear*** *: créer*

3. **Il n'est pas étonnant qu'**elle rentre chez elle épuisée après une journée si harassante.
es de extrañar que *+ subj. : il est étonnant que ;* ***vuelva*** *(subj. prés. de* ***volver (ue)*** *;* ***volver a casa*** *: rentrer chez soi ;* ***después de*** *: après ;* ***una jornada*** *: une journée de travail (une journée =* ***un día****) ;* ***tan*** *: si, tellement (devant un adjectif ou un adverbe) ;* ***agotador, a*** *: harassant, très fatigant*

4. On voit sur son visage une expression **étrange**.
se le ve en la cara *: on voit sur son visage (l'espagnol préfère au possessif le pronom personnel "****le****" + l'article) ;* ***extraño, a*** *: étrange*

5. L'auteur nous le révèle **au moment où nous nous y attendons le moins**.
menos *: moins, le moins (l'espagnol ne répète pas l'article) ;* ***esperárselo*** *: s'y attendre (l'enclise des pronoms personnels impose l'ajout d'un accent écrit sur l'infinitif)*

6. **On n'en croit pas ses yeux** lorsqu'on lit cette information.
uno *: on (quand le locuteur est inclu) ;* ***no dar crédito a sus ojos*** *: ne pas en croire ses yeux ;* ***al leer*** *(=* ***cuando lee****) : en lisant ;* ***un dato*** *: un renseignement, une donnée*

7. **Es increíble que** estos países no lleguen a un acuerdo.

8. **No acabo de entender** por qué el héroe se comportó así.

9. **Me desconcierta que** haya pasado en un país vecino.

10. La réplica del protagonista **es desconcertante** y **le coge a uno desprevenido**.

11. Lo que más me gusta en esta foto es **lo insólito de** la escena callejera.

12. **Me indigna que** no se busque una solución para acabar con esta injusticia.

13. **A él le escandaliza que** los indígenas lleven cargas tan pesadas.

14. **Me choca que** el publicista se valga de esta idea para convencer al consumidor.

15. **Parece mentira que** exista una ciudad tan contaminada como México.

7. **C'est incroyable que** ces pays ne parviennent pas à un accord.
ser increíble que *+ subj. : être incroyable que ;* ***lleguen*** *(subj. prés. de* ***llegar****) : arrivent, parviennent*

8. **Je n'arrive pas à comprendre** pourquoi le héros s'est comporté comme cela.
no acabar de *: ne pas parvenir à ;* ***por qué*** *: pourquoi (en deux mots et avec un accent car il s'agit d'une interrogation indirecte) ;* ***así*** *: ainsi, de cette manière*

9. **Cela me déconcerte que** cela se soit passé dans un pays proche.
desconcertar (ie) *: déconcerter ;* ***pasar*** *(sans pronom) : se produire, avoir lieu ;* ***haya*** *subj. passé de* ***pasar*** *(tout temps composé se construit avec l'auxiliaire* ***haber****) ;* ***vecino, a*** *: voisin, proche*

10. La réplique du personnage **est déconcertante** et **nous prend au dépourvu**.
cogerle a una persona desprevenida *: prendre quelqu'un au dépourvu, à l'improviste*

11. Ce qui me plaît le plus dans cette photo c'est **le côté insolite de** la scène de rue.
lo que más me gusta *: ce que j'aime le plus (pas d'article devant* ***más****) ;* ***lo insólito de*** *: ce qu'il y a d'insolite dans ;* ***callejero, a*** *: de la rue*

12. **Cela me révolte que** l'on ne cherche pas une solution pour en finir avec cette injustice.
indignar *: indigner, révolter (se construit comme* ***gustar****) ;* ***busque*** *: subj. prés. de* ***buscar*** *: chercher ;* ***acabar con*** *: venir à bout de, en finir avec*

13. **Cela le scandalise que** les indigènes portent des charges aussi lourdes.
escandalizarle a uno *: scandaliser quelqu'un ;* ***el indígena*** *: l'indigène ;* ***pesado, a*** *: lourd (de* ***pesar*** *: peser)*

14. **Cela me choque que** le publicitaire se serve de cette idée pour convaincre le consommateur.
chocarle a uno *: choquer quelqu'un (se construit comme* ***gustar****) ;* ***se valga*** *(subj. prés. de* ***valerse****) : se serve*

15. **C'est incroyable qu'**il y ait une ville aussi polluée que Mexico.
la mentira *: le mensonge ;* ***parece mentira que*** *+ subj : c'est incroyable que ;* ***tan... como*** *: aussi... que ;* ***contaminar*** *: polluer*

16. **Cuesta** creer que ocurrió como lo dice.

17. No se puede pasar por alto los inconvenientes que conlleva, **no hay derecho**.

18. Secuestraron a los pasajeros, **¡qué barbaridad!**

18. Ensanchar, concluir

1. Podemos **ensanchar** el tema a toda Europa.

2. Se puede **generalizar**, pues este fenómeno **no es específico de** Colombia.

3. Se podría **citar otros ejemplos** que confirmaran lo justo de esta demostración.

4. Podemos adoptar **otro punto de vista** menos tendencioso.

5. La reflexión del autor **alcanza lo universal**.

16. **Il est difficile de** croire que ça s'est passé comme il le dit.
costar (ue) *+ inf. (sans préposition puisque l'infinitif est sujet) : être difficile de ;* ***ocurrió*** *: passé simple de* ***ocurrir*** *: se produire, se passer*

17. On ne peut passer sous silence les inconvénients que cela comporte, **c'est inadmissible**.
pasar por alto *: passer sous silence, laisser de côté ;* ***conllevar*** *: comporter, entraîner ;* ***el derecho*** *: le droit ;* ***no hay derecho*** *: c'est inadmissible (on n'a pas le droit)*

18. Ils ont pris les passagers en otages, **quelle horreur !**
secuestrar *: sequestrer, prendre en otage ;* ***¡qué barbaridad!*** *: quelle horreur ! c'est incroyable !*

18. Elargir, clore

1. Nous pouvons **élargir** le thème à l'Europe entière.
ensanchar *: élargir (de* ***ancho, a*** *: large) ;* ***Europa*** *: l'Europe (pas d'article devant les noms de pays)*

2. On peut **généraliser**, car ce phénomène **n'est pas spécifique à** la Colombie.
pues *: car (en début de phrase ou de proposition) ;* ***ser específico de*** *: être spécifique, propre à*

3. On pourrait **citer d'autres exemples** qui confirmeraient la justesse de cette démonstration.
se podría *(condit. de* ***poder****) : on pourrait ;* ***citar otro ejemplo*** *: citer un autre exemple (pas d'article indéfini devant* ***otro****) ;* ***confirmaran*** *(subj. imp. pour traduire l'éventualité) : qui pourraient confirmer ;* ***lo justo*** *: ce qu'il y a de juste, l'exactitude*

4. Nous pouvons adopter **un autre point de vue** moins tendancieux.
otro punto de vista *: un autre point de vue ;* ***tendencioso, a*** *: tendancieux (≠* ***objetivo****)*

5. La réflexion de l'auteur **a une portée universelle**.
alcanzar *: toucher, atteindre*

6. **A modo de conclusión diría** que el publicista **alcanza su meta** ya que el anuncio es convincente.

7. **Por fin**, quisiera subrayar **el alcance** de esta página.

8. **En resumidas cuentas diré** que la posición de la autora me interesa por romper con un tópico.

9. **Para finalizar**, cabe recalcar el papel particular que el narrador le otorga a la memoria.

10. **La conclusión que podemos sacar** es que no hay quien pueda prever lo que pasará.

11. El autor nos invita a **sacar una lección** de esta experiencia.
12. **Al fin y al cabo** este texto es un himno a la libertad.

13. **En resumen** este dibujo es una denuncia de la represión.

14. **Resumiremos diciendo** que el periodista arremete contra la corrupción de los pudientes.

15. **Hagamos el balance** del comentario.

16. **Acabaré subrayando lo original** de este cuadro que renueva el lenguaje pictórico.

6. **En guise de conclusion je dirais** que le publicitaire **atteint son but** puisque la publicité est convaincante.
a modo de *: en guise de ;* ***diría*** *: je dirais (condit. de* ***decir****) ;* ***la meta*** *: le but, l'objectif ;* ***ser convincente*** *: être convaincant ;* ***convencer*** *: convaincre*

7. J'aimerais **enfin** souligner **la portée** de cette page.
quisiera *: j'aimerais (subj. imp. de* ***querer*** *à valeur de conditionnel) ;* ***subrayar*** *: souligner ;* ***el alcance*** *(masc.) : la portée*

8. **Au bout du compte je dirai** que la position de l'auteur m'intéresse parce qu'elle rompt avec un cliché.
diré *: je dirai (futur de* ***decir****) ;* ***romper con*** *: rompre avec*

9. **Pour terminer**, il convient de souligner le rôle particulier que le narrateur accorde à la mémoire.
cabe recalcar *: il faut souligner ;* ***otorgar un papel*** *: accorder, conférer un rôle ;* ***le*** *: lui (pronom redondant qui renvoie au c.o.i.* ***memoria****)*

10. **La conclusion que nous pouvons tirer** est que personne ne peut prévoir ce qui se passera.
sacar una conclusión *: tirer une conclusion ;* ***no hay quien*** *+ subj. : il n'est personne qui*

11. L' auteur nous invite à **tirer une leçon** de cette expérience.

12. **En fin de compte** ce texte est un hymne à la liberté.
al fin y al cabo = en resumidas cuentas *: finalement, en fin de compte*

13. **En résumé** ce dessin est une dénonciation de la répression.
en resumen *: en résumé, en bref*

14. **Nous résumerons en disant** que le journaliste s'en prend à la corruption des puissants.
resumiremos *(futur de* ***resumir****) : nous résumerons ;* ***arremeter contra*** *: s'attaquer à, s'en prendre à, combattre*

15. **Faisons le bilan** du commentaire.
hagamos *: faisons (impératif de* ***hacer****)*

16. **Je terminerai en soulignant l'originalité** de ce tableau qui renouvelle le langage pictural.
acabaré *: je finirai, je terminerai (futur de* ***acabar****) ;* ***lo original = la originalidad*** *;* ***renovar (ue)*** *: renouveler ;* ***nuevo, a*** *: nouveau*

17. La foto que **acabo de** describir tiene **un valor de testimonio**.

18. **Para acabar**, haré hincapié en la atmósfera **conmovedora** que se desprende del poema.

19. **Lo interesante de** este debate radiofónico **radica en** la diversidad de los puntos de vista.

20. **Gracias a los datos que facilita** nos enteramos de la situación política de la Argentina de los años 80.

21. **El mensaje** de esta película queda ambiguo y **nos incita a la reflexión**.

22. **El impacto** de esta tira **reside en** su comicidad.

23. El novelista **ha dado en el blanco** puesto que ha escrito un alegato **convincente** a favor de los desheredados.

24. El autor, por su arte del relato, **consigue cautivar** al lector.

25. Este anuncio **es acertado y eficaz** ya que nos da ganas de viajar por Castilla.

26. El novelista **concluye** el párrafo de modo humorístico.

17. La photo que **je viens de** décrire a **une valeur de témoignage**.
acabar de *: venir de (passé immédiat) ;* ***un valor*** *(masc.) : une valeur ;* ***el testimonio*** *: le témoignage*

18. **Pour finir**, je mettrai l'accent sur l'atmosphère **émouvante** qui se dégage du poème.
hacer hincapié en *: insister sur, mettre l'accent sur ;* ***conmovedor, a*** *: émouvant (de* ***conmover (ue)*** *: émouvoir) ;* ***desprenderse de*** *: se dégager de*

19. **L'intérêt de** ce débat radiophonique **repose sur** la diversité des points de vue.
lo interesante de = el interés de *;* ***radicar en*** *: reposer sur*

20. **Grâce aux informations qu'il fournit** nous apprenons quelle était la situation politique de l'Argentine des années 80.
facilitar datos *: fournir des renseignements ;* ***enterarse de*** *: apprendre, être informé de*

21. **Le message** de ce film est ambigu et **nous pousse à réfléchir**.
el mensaje *: le message ;* ***quedar ambiguo, a*** *: être ambigu ;* ***incitar a*** *: inciter, pousser à*

22. **L'impact** de cette bande dessinée **repose sur** le comique.
residir en *: reposer sur, résider dans ;* ***la comicidad = lo cómico*** *: la dimension, l'aspect comique*

23. Le romancier **a atteint son objectif** car il a écrit un plaidoyer **convaincant** en faveur des déshérités.
el blanco *: le but, la cible ;* ***dar en el blanco*** *: frapper au but, atteindre son objectif ;* ***puesto que = ya que*** *: puisque, car ;* ***escrito*** *: pp. de* ***escribir*** *;* ***un alegato a favor de*** *: un plaidoyer en faveur de*

24. L'auteur, par son art du récit, **parvient à captiver** le lecteur.
conseguir *+ inf. (sans préposition) : réussir ;* ***cautivar a uno*** *: captiver qqn.*

25. Cette publicité **est réussie et efficace** puisqu'elle nous donne envie de voyager en Castille.
ser acertado*, de* ***acertar (ie)*** *: être réussi ;* ***dar ganas de*** *: donner envie de ;* ***viajar por*** *: voyager à travers*

26. Le romancier **conclut** le paragraphe de façon humoristique.
concluir *: conclure ("i" intervocalique devient "y")*

Quatrième partie :

DIALOGUER

Il est utile, pour pouvoir suivre ce qui se dit en classe et communiquer avec les élèves, le professeur ou l'examinateur, de connaître quelques formules courantes. Nous proposons une série de phrases usuelles, brèves et simples, qui permettent de participer au déroulement du cours et de dialoguer avec les autres.

1. Intervenir, preguntar

1. Por favor, ¿puede usted hablar más alto porque no he oído bien? – Por supuesto.

2. ¿Puedes repetir lo que acabas de decir, por favor? que no se oye.

3. ¡Habla más alto, si no te importa! – ¡Vale!

4. Aquí, en el fondo, no se oye nada.

5. No he comprendido la pregunta; ¿podría usted repetirla, por favor? – Sí, claro.

6. No puedo responder porque no lo sé.

7. Lo siento, no se me ocurre ninguna idea.

8. Es exactamente lo que quería decir.

9. Estaba a punto de decir lo mismo que él.

10. No entiendo la palabra "cansancio". ¿Puede traducírmela? – Significa "fatigue".

11. No sé cómo se escribe la palabra "jerarquía". ¿Podría escribirla en la pizarra? – Desde luego.

12. ¿"Jóvenes", se escribe con "be" o con "uve"? – Con "uve". – ¿Y lleva acento? – Sí, en la "o".

13. Por favor, quisiera saber cómo se dice "remettre en question". – Se dice: "poner en entredicho".

14. He olvidado el sentido de la palabra "avisar". – Significa: "prévenir".

15. Disculpe (perdone), no recuerdo lo que significa "jinete". – Significa: "cavalier".

16. No entiendo por qué se emplea el modo subjuntivo. – Es porque la frase comienza por: "Le pide que...".

17. No encuentro el adverbio "sólo". ¿En que línea está? – Está en la cuarta línea.

1. Intervenir, poser des questions

1. S'il vous plaît, pouvez-vous parler plus fort parce que je n'ai pas bien entendu ? – Bien sûr.

2. Peux-tu répéter ce que tu viens de dire, s'il te plaît parce que l'on n'entend pas ?

3. Parle plus fort, si cela ne t'ennuie pas ! – D'accord !

4. Ici, au fond, on n'entend rien.

5. Je n'ai pas compris la question ; pourriez-vous la répéter, s'il vous plaît ? – Oui, bien sûr.

6. Je ne peux pas répondre parce que je ne sais pas.

7. Je suis désolé, il ne me vient aucune idée.

8. C'est exactement ce que je voulais dire.

9. J'étais sur le point de dire la même chose que lui.

10. Je ne comprends pas le mot "cansancio". Pouvez-vous me le traduire ? – Cela veut dire "fatigue".

11. Je ne sais pas comment s'écrit le mot "jerarquía". Pourriez-vous l'écrire au tableau ? – Bien sûr.

12. "Jóvenes", ça s'écrit avec un "b" ou un "v" ? – Avec un "v". – Et y a-t-il un accent ? – Oui, sur le "o".

13. S'il vous plaît, je voudrais savoir comment on dit "remettre en question". – Cela se dit : "poner en entredicho".

14. J'ai oublié le sens du mot "avisar". – Ça veut dire : "prévenir".

15. Excusez-moi, je ne me souviens plus du sens de "jinete". – Ça veut dire : "cavalier".

16. Je ne comprends pas pourquoi on emploie le mode subjonctif. – C'est parce que la phrase commence par : "Il lui demande de..."

17. Je ne trouve pas l'adverbe "seulement". A quelle ligne est-il ? – Il se trouve à la quatrième ligne.

18. No veo por qué lo dices. – Lo digo porque está escrito en el primer párrafo.

19. ¿Qué es lo que te permite afirmarlo? ¡Explícate!

20. He olvidado lo que dijimos ayer acerca de la época en que pasa la acción.

21. ¿Por qué ha dicho usted que la fecha era importantísima?

22. Hay algo que no he entendido bien en el texto que estudiamos la vez pasada.

23. ¿Quiere usted que lea el texto primero o que haga el comentario?

2. Afirmarse

1. Quisiera añadir algo que, según yo, es esencial.

2. No estoy conforme contigo, ni mucho menos. – Yo tampoco.

3. Yo no comparto en absoluto esta idea. Desde mi punto de vista, es todo lo contrario.

4. Yo pienso que generaliza demasiado. – Ni mucho menos ; estoy seguro de que es la pura verdad.

5. A mí me parece que no se puede afirmar eso.

6. Yo estoy en contra; a mi modo de ver, el autor tiene razón.

7. Según yo, este artículo es tendencioso. – No, yo creo que estás equivocado.

8. Me parece (in)justificada su argumentación.

9. Mi opinión discrepa de la suya. – Pues yo, en cambio, coincido con él.

10. En mi opinión, no es cierto lo que pregona este anuncio.

11. A mí no me convence la visión del poeta. – A mí tampoco.

12. Para mí, no basta con hacer un balance negativo. Habría que proponer soluciones.

13. A mí me resulta aburrida esa larga descripción.

18. Je ne vois pas pourquoi tu dis cela. – Je dis cela parce que c'est écrit au premier paragraphe.

19. Qu'est-ce qui te permet d'affirmer ça ? Explique-toi !

20. J'ai oublié ce que l'on a dit hier à propos de l'époque où se déroule l'action.

21. Pourquoi avez-vous dit que la date était très importante ?

22. Il y a quelque chose que je n'ai pas bien compris dans le texte que l'on a étudié la dernière fois.

23. Voulez-vous que je lise le texte d'abord ou que je fasse le commentaire ?

2. S'affirmer

1. J'aimerais ajouter quelque chose qui, selon moi, est essentiel.

2. Je ne suis pas du tout d'accord avec toi. – Moi non plus.

3. Moi, je ne partage pas du tout cette idée. Selon moi, c'est tout le contraire.

4. Moi, je pense qu'il généralise trop. – Pas du tout ; je suis sûr que c'est la vérité.

5. Moi, je crois que l'on ne peut pas affirmer cela.

6. Moi, je suis contre ; à mon avis, l'auteur a raison.

7. D'après moi, cet article est tendancieux. – Non, moi je crois que tu te trompes.

8. Son argumentation me semble (in)justifiée.

9. Moi, j'ai une opinion différente de la sienne. – Et bien moi, en revanche, je suis d'accord avec lui.

10. A mon avis, ce que vante cette publicité n'est pas vrai.

11. La vision du poète ne me convainc pas. – Moi non plus.

12. Selon moi, il ne suffit pas de faire un bilan négatif. Il faudrait proposer des solutions.

13. Je trouve cette longue description ennuyeuse.

3. Corregirse, reconocer sus errores

1. Creo que me he equivocado al hablar de ironía cuando en realidad se trata de cinismo. He confundido ambos términos.

2. Ahora me percato de lo evidente que es. Era un contrasentido traducir esta frase de este modo.

3. Dije antes que las palabras de la madre no influían de modo alguno en el comportamiento del hijo. Acabo de darme cuenta de que es una equivocación.

4. Por favor, quisiera rectificar algo en lo que atañe a los hechos.

5. Perdí el hilo. Más vale que vuelva a empezar mi frase.

6. De momento no se me ocurre ningún ejemplo para ilustrar mis propósitos. Lo voy a pensar.

7. Ni me fijé en este detalle. Lo único que me llamó la atención fue el grupo de personajes.

8. Me cuesta hablar de pintura. No quiero decir bobadas.

9. Me temo que esto no sea lo esencial. Confieso que no lo he leído muy atentamente.

3. Se corriger, convenir de ses erreurs

1. Je crois que je me suis trompé en parlant d'ironie alors qu'en fait il s'agit de cynisme. J'ai confondu les deux termes.
cuando en realidad *: alors qu'en fait ;* ***confundir*** *: confondre ;* ***ambos*** *:* ***los dos***

2. Je réalise maintenant à quel point c'est évident. C'était un contresens de traduire cette phrase de cette façon.
percatarse de *: réaliser, se rendre compte (****percatarse de que*** *: réaliser que) ;* ***lo*** *+ adj. avec accord +* ***que*** *+* ***es*** *: à quel point c'est, combien c'est + adj.*

3. J'ai dit auparavant que les paroles de la mère n'influaient en aucune façon sur le comportement du fils. Je viens de me rendre compte que c'est une erreur.
influir en *: influer sur, influencer*

4. S'il vous plaît, je voudrais rectifier quelque chose en ce qui concerne les faits.
rectificar *: rectifier ;* ***en lo que atañe a*** *: en ce qui concerne*

5. J'ai perdu le fil. Il vaut mieux que je recommence ma phrase.
volver a empezar *: recommencer (****empezar de nuevo****)*

6. Aucun exemple ne me vient à l'esprit pour l'instant afin d' illustrer mes propos. Je vais y réfléchir.
de momento *: pour l'instant;* ***ocurrírsele a uno*** *: venir à l'esprit de quelqu'un ;* ***pensarlo*** *: y réfléchir*

7. Ce détail m'a totalement échappé. La seule chose qui a attiré mon attention, c'est le groupe de personnages.
fijarse en *: observer (****no me fijé en*** *: je n'ai pas vu, cela m'a échappé) ;* ***ni*** *=* ***ni siquiera*** *: même pas ;* ***lo único que*** *: la seule chose qui*

8. J'ai du mal à parler de peinture. Je ne veux pas dire de bêtises.
costarle a uno *: avoir du mal à, être difficile à quelqu'un de (****me cuesta*** *: j'ai du mal à, il m'est difficile de)*

9. Je crains que cela ne soit pas l'essentiel. J'avoue que je ne l'ai pas lu très attentivement.
me temo que *: je crains que ;* ***confesar (ie)*** *: avouer, admettre ;* ***atentamente*** *=* ***con atención*** *: attentivement, avec attention*

10. Disculpe, no estaba atento. ¿Podría usted repetir su pregunta?
11. Por muchos esfuerzos que yo hago, no consigo expresar mis ideas con soltura.

12. De saber esto, hubiera comprendido la alusión histórica.

4. Reanudar el debate

1.
– Lo que creo yo es que los jóvenes de hoy no reaccionan como lo hubieran hecho sus padres a la misma edad. ¿No te parece?
– Bueno, de esto, no cabe duda, pero lo que sí me extraña es que muchos jóvenes luego cambian y terminan pensando como sus padres. ¿No es cierto?

2.
– He escuchado con atención lo que cada uno ha dicho, sin embargo no llego a entender el papel del padre en este asunto. ¿A lo mejor alguien podría explicármelo?
– Tampoco yo lo tengo muy claro, pero voy a intentar aclarar el problema.

3.
– Siempre existirá la violencia. No creo que se pueda hacer mucho en contra de lo que es propio de la naturaleza humana.
– ¿Cómo puedes decir esto? No se puede decir « no hay remedio », siempre tiene que haber una solución o si no, resulta inútil el debate, ¿no?

10. Pardon, je n'étais pas attentif. Pourriez-vous répéter votre question ?

11. J'ai beau faire des efforts, je n'arrive pas à exprimer mes idées avec aisance.
por mucho... que yo *: j'ai beau (**por más... que**)*

12. Si j'avais su cela, j'aurais compris l'allusion historique.
de *+ infinitif : exprime la condition*

4. Relancer le débat

1.
– Ce que je crois, moi, c'est que les jeunes d'aujourd'hui ne réagissent pas comme l'auraient fait leurs parents au même âge. Tu ne crois pas ?
– Bon, cela, c'est sûr, mais ce qui en revanche m'étonne c'est que beaucoup de jeunes changent ensuite et finissent par penser comme leurs parents. Ce n'est pas vrai ?
reaccionar *: réagir ;* ***no cabe duda*** *: cela ne fait aucun doute ;* ***lo que sí*** *: ce qui en revanche*

2.
– J'ai écouté avec attention ce que chacun a dit, cependant je n'arrive pas à comprendre le rôle du père dans cette affaire. Quelqu'un pourrait-il me l'expliquer ?
– Pour moi non plus les choses ne sont pas très claires, mais je vais essayer d'éclaircir le problème.
sin embargo *: cependant, pourtant ;* ***a lo mejor*** *(suivi de l'ind.) : peut-être ;* ***tampoco yo lo tengo muy claro*** *: moi non plus, je ne vois pas le problème très clairement*

3.
– Il y aura toujours de la violence. Je ne crois pas qu'on puisse faire grand-chose contre ce qui est propre à la nature humaine.
– Comment peux-tu dire une chose pareille ? On ne peut pas dire « on n'y peut rien », il doit toujours y avoir une solution ou sinon la discussion est close, non ?
ser propio de *: être le propre de, être propre à ;* ***el debate*** *: le débat, la discussion ;* ***es inútil hablar*** *: ce n'est pas la peine de discuter*

4.

– Cuando hablamos de los países latinoamericanos, surge inmediatamente la visión de la pobreza.

– Sí, pero supongo que la realidad a veces es otra. No todos los países se pueden equiparar. Ahora los hay que empiezan a alzar la cabeza, bueno, digo yo.

– Tendrás razón. Solemos evocar los aspectos sociales más graves sin ahondar en los datos económicos.

4.
– Quand nous parlons des pays latinoaméricains, immédiatement surgit la vision de la pauvreté.
– Oui, mais je suppose que la réalité est parfois différente. On ne peut pas mettre sur le même plan tous les pays. Actuellement il y en a qui commencent à relever la tête, du moins c'est ce que je crois.
– Tu dois avoir raison. Nous avons l'habitude d'évoquer les aspects sociaux les plus graves sans étudier à fond les données économiques.
otro, a *: autre, différent ;* ***equiparar*** *: mettre sur le même plan ;* ***los hay que*** *: il y en a qui ;* ***tendrás razón*** *(futur d'hypothèse) : tu as probablement raison ;* ***soler*** *(**ue**) + inf. : avoir l'habitude de + inf.;* ***ahondar en*** *: approfondir, étudier à fond (**profundizar**) ;* ***los datos*** *: les données*

Cinquième Partie :

S'ENTRAÎNER

Dans cette partie nous vous proposons, à partir de courts extraits accompagnés de vocabulaire traduit, de vous entraîner à commenter un document. Pour faciliter votre réflexion nous vous soumettons quelques pistes de "lecture".

Texte 1

Las manos del poeta

La América del sur fue siempre tierra de alfareros. Un continente de cántaros. Estos cántaros que cantan los hizo siempre el pueblo. Los hizo con barro y con sus manos. Los hizo con arcilla y con sus manos. Los hizo de piedra y con sus manos. Los hizo de plata y con sus manos.

Siempre he querido que en la poesía se vean las manos del hombre. Siempre he deseado una poesía con huellas digitales. Una poesía de greda para que cante en ella el agua. Una poesía de pan, para que se la coma todo el mundo.

Sólo la poesía de los pueblos sustenta esta memoria manual. Mientras los poetas se encerraron en los laboratorios, el pueblo siguió cantando con su barro, con su tierra, con sus ríos, con sus minerales.

Pablo Neruda, *Para nacer he nacido*, 1978

Pablo Neruda (1904-1973), poeta chileno comprometido y amigo del presidente Salvador Allende. Escribió: *España en el corazón* (sobre la guerra civil que vivió en España), *Canto general* (un himno al continente latinoamericano escrito en 1950), *Odas elementales*, *Cien sonetos de amor*. En 1974 se publicó su libro de memorias *Confieso que he vivido*. Recibio el Premio Nobel de literatura en 1971.

el alfarero : *le potier*
el cántaro : *la cruche*
el barro : *la terre glaise*

la arcilla : *l'argile*
la huella : *l'empreinte*
la greda : *la terre glaise*

Estudiar cómo se expresa Neruda para explicar su concepción del poeta-artesano. Se observarán la estructura de este trozo, la sencillez del estilo, la abundancia de los sustantivos, la elección de las imágenes.

Texte 2

La noche boca arriba

(Un joven motorista acaba de atropellar a una mujer que cruzó la calle a pesar del semáforo verde.)

Volvió bruscamente del desmayo. Cuatro o cinco hombres jóvenes lo estaban sacando de debajo de la moto. Sentía gusto a sal y sangre, le dolía una rodilla, y cuando lo alzaron gritó, porque no podía soportar la presión en el brazo derecho. Voces que no parecían pertenecer a las caras suspendidas sobre él, lo alentaban con bromas y seguridades. Su único alivio fue oír la confirmación de que había sido en su derecho al cruzar la esquina. Preguntó por la mujer, tratando de dominar la náusea que le ganaba la garganta. Mientras lo llevaban boca arriba hasta una farmacia próxima, supo que la causante del accidente no tenía más que rasguños en las piernas. « Usted la agarró apenas, pero el golpe le hizo saltar la máquina de costado... » Opiniones, recuerdos, despacio, éntrenlo de espaldas, así va bien, y alguien con guardapolvo dándole a beber un trago que lo alivió en la penumbra de una pequeña farmacia de barrio.

Julio Cortázar, *Final del juego*, 1956

Julio Cortázar (1914-1984) es autor argentino de novelas y novelas cortas. Se le considera como el representante del realismo fantástico. Escribió en 1963 *Rayuela*, una famosa obra de experimentación literaria.

el desmayo : *l'évanouissement*
alentar : *encourager*
el alivio : *le soulagement*
boca arriba : *allongé sur le dos*
el rasguño : *l'égratignure*
agarrar : *accrocher*
despacio : *doucement*
éntrenlo de espaldas : *faites-le entrer de dos*
el guardapolvo : *la blouse*

¿Cómo consigue Cortázar restituir el estado de choque en el que se encuentra el protagonista? (Predominio de sensaciones físicas, impresiones difusas). Se observarán en particular ciertas imprecisiones en el vocabulario y la estructura de la última frase.

Texte 3

El viaje

La mayoría de nosotros lleva enquistado, desde siempre, un viaje, que no es una visita ni una vacación, sino un sueño. Y que se va forjando poco a poco, mediante una delicada arquitectura. Es una amable melancolía, y desarrollamos un alambicado proceso para ponerla en pie: sin pasajes de avión, sin tiempo, sin dinero. De párpados a adentro. Un viaje de este tipo se ceba de lecturas, de tarjetas postales, de mapas, de fotos, de personas que irrumpen con noticias, de aventuras que otros viven y de las que uno participa, en la oscuridad de una sala de cine o en casa, a solas frente al televisor. Pieza a pieza se va armando el paisaje que reproduce esa realidad que no se puede tocar, se va trabando el vínculo que une al cortejador con su amante secreta. Es una suerte de peregrinación que tiene que ver, me parece, con el lugar al que, de una manera misteriosa, amasada en los genes, sentimos que queremos pertenecer. A veces ocurre que la suerte, y éste ha sido mi caso desde que empecé a ejercer como enviada especial, te conduce hasta allí. Te introduce, como a Alicia, en el sueño.

Maruja Torres, *Amor América*[18], *Un viaje sentimental por América latina*, 1993

Maruja Torres, escritora española, es también periodista de *El País*.

enquistado, a : *enkysté, enraciné, enfoui*
un pasaje : *un billet*
el párpado : *la paupière*
adentro : *à l'intérieur*
cebarse : *se nourrir*
irrumpir : *faire irruption*
armar : *construire, organiser*
trabar el vínculo : *tisser le lien*
el cortejador : *celui qui courtise*
la peregrinación : *le pèlerinage*
amasar : *pétrir*
los genes : *les gènes*

Presentar la concepción que tiene la autora del viaje y estudiar cómo nos da a entender que es, para ella, una experiencia interior que va construyéndose paulatinamente. (Notar las imágenes, la adjetivación, las negaciones, la enumeración, las formas verbales con el gerundio.)

---

[18] *Amor América* remite al título de un poema escrito por el poeta chileno Pablo Neruda en *Canto general*.

Texte 4

La calle trampolín

Vivo con mi madre en lo alto de la calle Verdi, en una vieja y destartalada torre con jardín situada en una ladera contigua al parque Güell. Veo la calle en pendiente, borrosa por la llovizna, como un maravilloso tobogán sobre la ciudad. En la esquina asoma la cara de un niño con antifaz negro. Soy yo, doce años, cabeza rapada, brazal de luto. El niño enmascarado mira a un lado y a otro, furtivamente, y luego cruza la calle. Veo otra vez el barrio gris y amedrentado, los gatos famélicos, los diminutos terrados, las sábanas blancas que azota el viento. En la otra esquina me junto con tres chavales, Faneca, David y Jaime. (...) Las calles están tan empinadas que tienen escaleras. Mi barrio está tan alto, tan cerca de las nubes, que aquí la lluvia está parada antes de caer. Por no mojarnos más, nos metemos en casa. « A lo mejor está Fu-Ching, el chino prestidigitador –dice David– y nos hace juegos de manos y nos hipnotiza. » « Eso, que nos hipnotice –dice Faneca–, a mí me gustaría vivir hipnotizado. » Dentro de la casa se oye el ruido de una máquina de coser.

Juan Marsé, *El Amante bilingüe*, 1990

Juan Marsé es un novelista catalán que nació en Barcelona en 1933. Escribió *Si te dicen que caí,* 1973; *Ronda del Guinardó*, 1984.

destartalado, a : *démantibulé*
la ladera : *la pente, le versant*
borroso, a : *flou*
borrosa por la llovizna : *noyée dans la bruine*
la esquina : *le coin*
rapado, a : *tondu*
el luto : *le deuil*
amedrentado, a : *effrayé*
el terrado : *la terrasse*
la sábana : *le drap*
el chaval : *le gamin*
empinado, a : *raide, en pente*

Mostrar que se trata de un vivo recuerdo infantil del narrador-personaje y, fijándose en los detalles recurrentes (topográficos y lúdicos en particular), estudiar la imagen que guarda el protagonista de su barrio a pesar de su pobreza.

Texte 5

El Sur

(El Sur *es la novela corta en la que se inspiró el director de cine Víctor Erice para realizar la película del mismo título en 1983.*
Adriana se dirige cariñosamente a su padre que se suicidó, siendo ella adolescente.)

Mañana, en cuanto amanezca, iré a visitar tu tumba, papá. Me han dicho que la hierba crece salvaje entre sus grietas y que jamás lucen flores frescas sobre ella. Nadie te visita. Mamá se marchó a su tierra y tú no tenías amigos. Decían que eras tan raro... Pero a mí nunca me extrañó. Pensaba entonces que tú eras un mago y que los magos eran siempre grandes solitarios. (...) Me parece que aún te veo animado por la vida y que suena el timbre de tu voz, apagada para siempre. Recuerdo tu cabello rubio y tus ojos azules que ahora, al traer a mi memoria aquella sonrisa tan especial, se me aparecen como los ojos de un niño. (...)

Para mí eras un enigma, un ser especial que había llegado de otra tierra, de una ciudad de leyenda que yo había visitado sólo una vez y que recordaba como el escenario de un sueño. Era un lugar fantástico, donde el sol parecía brillar con una luz diferente y de donde una oscura pasión te hizo salir para no regresar nunca más.

Adelaida García Morales, *El Sur*, 1985

A. García Morales, autora contemporánea nacida en Badajoz en 1945, ha escrito poemas y novelas (*El Silencio de las sirenas, 1986; La Lógica del vampiro, 1990).*

en cuanto amanezca : *dès que le jour se lèvera*
lucir : *briller*
una grieta : *une lézarde*
raro, a : *étrange*
un mago : *un magicien*
el escenario : *le décor*

Estudiar el valor de los diferentes tiempos usados en este trozo (fijarse también en las locuciones temporales). Tratar de mostrar cómo revelan el estado de ánimo de Adriana que superpone a un presente doloroso el recuerdo vivo de un ser querido.

Texte 6

La calle

Es una calle larga y silenciosa.
Ando en tinieblas y tropiezo y caigo
y me levanto y piso con pies ciegos
las piedras mudas y las hojas secas
y alguien detrás de mí también las pisa:
si me detengo, se detiene;
si corro, corre. Vuelvo el rostro: nadie.
Todo está oscuro y sin salida,
y doy vueltas y vueltas en esquinas
que dan siempre a la calle
donde nadie me espera ni me sigue,
donde yo sigo a un hombre que tropieza
y se levanta y dice al verme: nadie.

Octavio Paz, *Libertad bajo palabra*, 1949

Octavio Paz, poeta y ensayista mexicano nacido en 1914, es una de las máximas figuras de la literatura latinoamericana. Recibió el Premio Nobel de literatura en 1990. (*Piedra de sol, Ladera este, El Laberinto de la soledad*)

las tinieblas : *les ténèbres*
tropezar (ie) : *trébucher*
pisar : *marcher sur*
mudo, a : *muet*

el rostro : *le visage*
dar vueltas : *tourner*
la esquina : *le coin de la rue*
dar a : *déboucher sur*

Tras observar el ritmo anhelante, la irregularidad de los versos, la acumulación de verbos de acción, las numerosas repeticiones (en particular la de "nadie"), decir cómo traduce O. Paz la idea de un hombre acosado que titubea y yerra por un mundo sin escapatoria, que desemboca en la nada.

Texte 7

Indignadísimos

(En una discusión, unos padres traen a colación un tema trillado: sus hijos, puros productos audiovisuales, no le tienen ninguna afición a la lectura.)

– Estoy encantado, vamos, que no me lo creo. ¿Sabéis que mi hijo el otro día leyó un libro entero por primera vez en su vida? *–dijo un señor con las sienes canas, traje cruzado, ginecólogo de profesión.*

– ¡Guau! ¡Te felicito! *–exclamó la señora del notario, que se parecía a Marylin Monroe, si Marylin Monroe hubiera pesado 89 kilos.*

– ¿Y qué edad tiene la criatura?

– Acaba de cumplir 17. *–contestó ufano el ginecólogo.*

– Jo, macho, el mío tiene 21 y todavía no ha leído un puñetero libro en su vida. Lo único que lee son los boletos de las quinielas *–se lamentó el profesor de instituto.*

– Mi hijo siempre ha ido un poco adelantado.

– Desde luego, es fantástico, chico. ¿Y qué leyó tu hijo?

– "La Celestina".[19]

– ¿"La Celestina"? Pero ese libro es una guarrada, una obscenidad. Tu hijo, y perdona, lo que es es un golfo de mucho cuidado. *–Marylin Monroe estaba indignadísima y gesticulaba cantidad con las manos.*

Carmen Rico-Godoy, *Cambio 16*, 1984

C. Rico-Godoy es una periodista y novelista española que colabora en el semanario *Cambio 16.*

la sien : *la tempe*
cano (el pelo) : *blanc*
la criatura : *le gamin, le gosse*
ufano, a : *fier*
puñetero, a (fam.) : (ici) *un traître, le moindre*
el boleto de las quinielas : *le coupon du loto sportif*
adelantado, a : *en avance*
una guarrada : *une cochonnerie*
un golfo : *un dévergondé, un dévoyé*
de cuidado : *dangereux*

Fijarse en el valor que cobran las indicaciones que nos da la autora sobre los interlocutores. Apoyándose en ellas, destacar el tono del texto y la intención satírica de la periodista.

[19] La Celestina: tragicomedia escrita en 1499 por Fernando de Rojas, obra capital de la literatura española que tuvo gran influencia en el teatro europeo. La Celestina es una alcahueta que favorece la ilícita relación entre un joven y una muchacha de familia noble, cuya pasión tendrá un desenlace trágico.

Texte 8

La monja

Había una mujer de edad indefinida, aunque le puse unos cincuenta mal llevados, de porte y facciones distinguidas, no obstante ir vestida de baratillo que sostenía, a la manera de bolso, sobre sus rodillas cubiertas de una falda plisada de tergal, un maletín de médico oblongo, raído y con una cuerda en lugar de asa. La dama en cuestión sonreía con los labios cerrados, pero su mirada era escrutadora y sus cejas, muy pobladas, estaban fruncidas, lo que hacía que una arruga perfectamente horizontal surcara su frente, por lo demás tan tersa como el resto de su cutis, en el que no había traza de afeites y sí una tenue sombra de bigote. De todo lo que antecede deduje que me encontraba en presencia de una monja; (...) me ayudó a llegar a esta conclusión el que llevara un pequeño crucifijo prendido al pecho, un escapulario colgado del cuello y un rosario entrelazado en el cinturón.

Eduardo Mendoza, *El Misterio de la cripta embrujada*, 1979

Eduardo Mendoza nació en Barcelona en 1943. Su primera novela, *La Verdad sobre el caso Savolta* (1975) obtuvo el Premio de la Crítica y le situó inmediatamente entre los escritores más destacados del momento. En 1986 escribió *La Ciudad de los prodigios*.

una monja : *une religieuse, une nonne*
le puse unos cincuenta mal llevados : *je lui donnai la cinquantaine mais elle paraissait plus âgée*
el porte : *l'allure*
las facciones : *les traits*
vestida de baratillo : *portant des vête ments bon marché*
las rodillas : *les genoux*
oblongo y raído : *oblong et râpé*
un asa (fem.) : *une poignée*
las cejas pobladas : *les sourcils fournis*
una arruga : *une ride*
surcar : *sillonner*
terso, a : *lisse*
el cutis : *la peau*
afeites : *maquillages*
tenue : *léger, faible*
el bigote : *la moustache*
prendido al pecho : *fixé sur la poitrine*
colgado del cuello : *suspendu au cou*
el rosario : *le chapelet*

Fijarse en los detalles del retrato, en la adjetivación y mostrar que se trata de una descripción realista.
¿Qué impresión se desprende de la descripción de la mujer (monja y enfermera)? (pobreza, severidad, ambigüedad) ¿Qué sentimientos experimentará el personaje que la describe? (curiosidad, recelo).

Texte 9

En el cabaret

Sólo una de las mesas estaba ocupada por un marino barbudo y fornido que había enterrado la cara en una jarra de ginebra y apenas si cesaba de bucear para respirar el aire polvoriento del local. Luego llegó un vejete muy fino, con la cara embadurnada de cremas y el pelo teñido de rubio cobrizo. Pidió una copita de licor que paladeó mientras se desarrollaba el espectáculo, y un tipo huraño, con gruesas gafas e inconfundibles rasgos de oficinista, que preguntó el precio de todo antes de beber, hizo proposiciones tacañas a todas las mujeres, sin éxito. Por entre la clientela vagaban cuatro mujeres semidesnudas, entradas en carnes, depiladas fragmentariamente, que circulaban de mesa en mesa entorpeciéndose las unas a las otras, adoptando posturas estáticas por breves segundos, como fulminadas por un rayo paralizador.

Eduardo Mendoza, *La verdad sobre el caso Savolta*, 1975

fornido, a : *robuste*
cesaba de bucear : *il émergeait*
polvoriento, a : *poussiéreux*
fino, a : *courtois, élégant*
embadurnar : *enduire, barbouiller*
teñido, a : *teint*
rubio cobrizo : *blond cuivré*
paladear : *déguster*
huraño, a : *bourru*
tacaño, a : *avare, pingre*
entradas en carnes : *bien en chair*
entorpecerse : *se gêner*

Comentar esta frase de Santos Alonso a propósito de este trozo:
« La descripción de las prostitutas y de los clientes (...) muestra un cuadro farsesco, un conjunto de marionetas y peleles que, con una intencionalidad crítica y sarcástica, reflejan una muy cruda realidad de los bajos fondos. »

Texte 10

En el metro

El metro, cualquier metro, es un animal resignado a su esclavitud de subsuelo. Parte de esa resignación impregna los rostros aplazados de los viajeros, teñidos por una luz utilitaria, removidos levemente por el vaivén circular de la máquina aburrida. (...) Muchachas disfrazadas de Olivia Newton-John[20], en el supuesto caso de que Olivia se vistiera aprovechando las liquidaciones fin de temporada de grandes almacenes de extrarradio. Muchachos con máscara de chulos de discoteca y músculos de condenados al paro. Y a veces la reconfortante osamenta de un subejecutivo de inmobiliaria con el coche averiado y el propósito de utilizar transportes públicos para adelgazar (...).

Manuel Vázquez Montalbán, *Los Mares del Sur*, 1979, (Premio Planeta 1979 y Prix International de Littérature policière, 1981, París)

Manuel Vázquez Montalbán, nacido en Barcelona en 1939, ha publicado libros de poemas, novelas, ensayos. Creador de un personaje, Pepe Carvalho, detective que apareció por primera vez en *Yo maté a Kennedy* (1972), perfiló su figura en numerosas novelas policiacas.

aplazado, a : *ajourné, différé* (ici : *absent*)
remover : *remuer, agiter*
levemente : *légèrement*
aburrido, a : *las, ennuyeux*
disfrazado, a : *déguisé*
fin de temporada : *fin de saison*
extrarradio : *petite banlieue*
una máscara : *un masque*
un chulo : *un "frimeur"*
la osamenta : *le squelette, la carcasse* (fam.)

Estudiar cómo se construye la sátira social a partir del tono humorístico presente en estas líneas.

[20] Olivia Newton-John, actriz de la película americana *Grease*, de Randal Kleiser, 1978.

Texte 11

Buscando el 7-H

(Pepe Carvalho, detective, al investigar sobre la muerte de un especulador inmobiliario, se encuentra en el barrio obrero de San Magín, en las afueras de Barcelona.)

El ascensor estaba remendado con trozos de contrachapado. Su suelo parecía una cama elástica dispuesta a lanzarle contra el techo o dejarle caer al abismo. Carvalho se agarró a las paredes. Salió a un pasillo crema oscurecido por un polvillo grasiento, condenado a la penumbra por bombillas de veinte watios encarceladas tras las rejas de portalámparas de sótano. Ocho puertas grises de madera enferma cerraban los ocho apartamentos de cada rellano. Se detuvo ante el 7-H. Alguien había escrito rascando con una llave sobre la pintura el nombre de Lola.

Manuel Vázquez Montalbán, *Los Mares del Sur*, 1979

remendar : *rafistoler*
el contrachapado : *le contreplaqué*
agarrarse a : *se cramponner à*
un pasillo : *un couloir*
el polvo : *la poussière*
grasiento, a : *graisseux*

una bombilla : *una ampoule électrique*
las rejas : *les grilles*
el sótano : *la cave, le sous-sol*
el rellano : *le palier*
rascar : *gratter*

Estudiar los campos léxicos y deducir la impresión que deja el lugar, el ambiente creado por el decorado. Destacar también el humorismo presente en la descripción.

Texte 12

Pensiones sin estrellas

En un futuro no lejano el Estado no podrá pagar pensiones a todo el mundo (...).

Vivimos en una sociedad basada no en el ahorro sino en el consumo, de manera que todo lo que ganamos trabajando nos lo gastamos sin piedad para mantener eso que se llama un nivel de vida adecuado. El consumo nos ha inclinado a no tener más de un hijo y medio por pareja. Los hijos que no tuvimos –los que tendrían que pagar nuestra jubilación– los cambiamos por viajes, un coche más potente, ropa variada, alicatados hasta el techo, retretes de diseño, ropa y aparatos diversos.

(...) Las ciudades están llenas de viejos que hablan con sus lavadoras y sus televisores que sustituyen a los hijos que no tuvieron, y que desde luego no son capaces de pagarles su pensión.

Carmen Rico-Godoy, *Cambio 16*, marzo de 1994

la pensión : *la pension (logement) / la pension de retraite*
el ahorro : *l'épargne*
la jubilación : *la retraite*
los alicatados (azulejos) : *le carrelage*
el techo : *le plafond*
retretes de diseño : *des toilettes design*

Estudiar la organización lógica de esta crónica, es decir cómo se encadenan las ideas de la periodista; observar cómo se trasluce la crítica de la sociedad actual (notar el tono sarcástico, el juego de palabras en el título).

Texte 13

Nieve

Cuando me desperté, todavía no había amanecido. La habitación estaba completamente a oscuras, pero una luz helada estallaba en los cristales enmarcando con timidez extraña el pequeño rectángulo de la ventana. Era la nieve, que caía ya como una maldición antigua y blanca sobre Ainielle y que empezaba a sepultar enteramente una vez más los tejados y las calles. La ventisca había amainado y una calma profunda se extendía ahora por el pueblo llenándolo de desamparo y de silencio. Durante algunos instantes, mientras el sueño volvía a apoderarse nuevamente de mis ojos, la nieve de la infancia comenzó a fundirse en ellos –como si la visión de la ventana y de la nieve que caía sobre el pueblo formaran también parte del recuerdo–, añadiendo al olvido la soledad primera, transformando en memoria la mirada y el sueño.

Julio Llamazares, *La Lluvia amarilla*, 1988

Julio Llamazares nació en el desaparecido pueblo de Vegamián (León) en 1955. Ha publicado libros de poemas (*Memorias de la nieve*, 1982, Premio Jorge Guillén) y novelas (*Luna de lobos*, 1985; *El río del olvido*, 1990).

helado, a : *glacé*
estallar : *jeter des éclats*
enmarcar : *encadrer*
Ainielle, nombre de pueblo
sepultar : *ensevelir*
la ventisca : *la bourrasque de neige*

amainar : *se calmer*
el desamparo : *l'abandon, la détresse*
apoderarse : *s'emparer*
fundirse : *fondre* (derretirse) / *se fondre* (unirse)

Caracterizar el punto de vista narrativo (fijarse en la persona gramatical y notar que son pensamientos del narrador); observar el campo léxico relacionado con la noción de tiempo (tiempo que hace, tiempo que pasa/memoria); notar cómo la nieve funciona como hilo conductor; observar también cómo la mirada y el pensamiento se sitúan en el espacio; ¿qué impresión se desprende de estas líneas? (soledad, tristeza, nostalgia)

Texte 14

Huyendo por la noche

(En el otoño de 1937, durante la guerra civil, derrumbado el frente republicano de Asturias, un grupo de hombres, entre los cuales el narrador, huye de la represión del ejército nacionalista, tratando de refugiarse en la cordillera Cantábrica.)

No ha salido hoy tampoco la luna. La noche es sólo una mancha negra y fría sobre el perfil de los hayedos que trepan monte arriba, entre la niebla, como fantasmagóricos ejércitos de hielo. Huele a romero y a helechos machacados.

Las botas chapotean sobre el barro buscando a cada paso la superficie indescifrable de la tierra. Las metralletas brillan, como lunas de hierro, en la oscuridad.

Vamos subiendo hacia el puerto de Amarza: hacia el techo del mundo y de la soledad.

Julio Llamazares, *Luna de lobos*, 1985

una mancha : *une tache*
un haya (fem.) : *un hêtre*
(un hayedo = *une hêtraie*)
trepar monte arriba : *grimper en haut de la montagne*
la niebla : *le brouillard*
un ejército : *une armée*
el hielo : *la glace*

huele a (de oler a) : *cela sent*
el romero : *le romarin*
el helecho : *la fougère*
machacar : *écraser, broyer*
chapotear : *patauger*
el barro : *la boue*
el puerto : *le col*
el techo : *le toit*

Mostrar cómo la fuerza de las imágenes imprime en la narración una sensación de muerte que acecha a los prófugos.

Texte 15

El despertar del doctor

(En la novela, aparece un personaje, el "escribidor" Pedro Camacho, que es un autor de seriales de radioteatro, de cuentos. El trozo escogido es una muestra de la creación folletinesca de Camacho.)

Era una de esas soleadas mañanas de la primavera limeña, en que los geranios amanecen más arrebatados, las rosas más fragantes y las buganvilias más crespas, cuando un famoso galeno de la ciudad, el doctor Alberto de Quinteros –frente ancha, nariz aguileña, mirada penetrante, rectitud y bondad en el espíritu– abrió los ojos y se desperezó en su espaciosa residencia de San Isidro. Vio, a través de los visillos, el sol dorando el césped del cuidado jardín que encarcelaban vallas de crotos, la limpieza del cielo, la alegría de las flores, y sintió esa sensación bienhechora que dan ocho horas de sueño reparador y la conciencia tranquila.

Mario Vargas Llosa, *La Tía Julia y el escribidor*, 1977

Mario Vargas Llosa nació en Arequipa, Perú, en 1936. Sus primeras novelas, *la Ciudad y los perros* y *La Casa verde* (1966) fueron premiadas. Escribió también *Conversación en la catedral* (1969), *La Guerra del fin del mundo* (1981).

soleado, a : *ensoleillé*
limeño, a : *de Lima*
arrebatado, a : (ici) *éclatant*
fragante : *parfumé*
las buganvilias : *les bougainvillées*
crespo, a : (ici) *touffu, foisonnant*
un galeno (fam.) : *un médecin*

la rectitud : *la droiture*
desperezarse : *s'étirer*
los visillos : *les rideaux*
encarcelar : *emprisonner*
una valla : *une clôture, une haie*
el croto : *le croton (arbuste)*
bienhechor, ora : *bienfaisant*

Mostrar cómo el autor parodia la literatura de los folletines. Recordar que la parodia consiste en imitar para escarnecer. Notar la imitación del cuento, la exageración en la connotación positiva de todo el vocabulario (relacionado tanto con el decorado como con el personaje), el uso de la hipérbole...

Sixième partie :

PALABRAS DE ARTICULACIÓN Y VERBOS

I. Palabras de articulación

Para empezar

al principio	*au début*
primero	*d'abord*
lo primero que	*la première chose que, qui*
en primer lugar	*en premier lieu*
ante todo	*avant tout*
a primera vista	*à première vue*

Para proseguir

en segundo (tercer) lugar	*en second (troisième) lieu*
en seguida	*tout de suite*
a continuación	*ensuite*
luego	*ensuite, plus loin*
después	*après*
además	*en outre*
más adelante	*plus loin, plus avant*
por una parte... por otra parte	*d'une part... d'autre part*
en cuanto a	*quant à*
respecto a	*quant à, en ce qui concerne*
por lo que toca a	*quant à, en ce qui concerne*
a lo largo de	*tout au long de*
según (+ ir + gerundio)	*au fur et à mesure que*
a medida que (+ ir + ger.)	*au fur et à mesure que*
conforme (+ ir + ger.)	*au fur et à mesure que*

Para terminar

por fin	*enfin*
por último	*enfin*
al final	*à la fin*
al fin y al cabo	*en fin de compte*
en último lugar	*en dernier lieu*
en definitiva	*en définitive*
en resumidas cuentas	*en résumé*
a modo de conclusión	*en guise de conclusion*

Para relacionar

porque	*parce que*
por (+ verbo o adjetivo)	*parce que*
pues (delante del verbo)	*car*
ya que	*puisque*
puesto que	*puisque*
dado que	*étant donné que*
por eso	*c'est pourquoi*
tanto más cuanto que	*d'autant plus que*
ahora bien	*or*
así es (fue) como	*c'est ainsi que*

Para oponer

en cambio	*en revanche*
mientras que	*tandis que*
al contrario	*au contraire*
al revés	*à l'inverse*
en vez de	*au lieu de*

Consecuencia

por lo tanto	*par conséquent*
por consiguiente	*par conséquent*
pues (después del verbo)	*donc*
así pues	*ainsi donc*
de modo que	*de sorte que*

Restricción. Concesión

sin embargo	*cependant, néanmoins*
no obstante	*cependant, néanmoins*
con todo	*malgré cela*
a pesar de todo	*malgré tout*
aunque (+ ind.)	*bien que*
a pesar de que (+ ind.)	*bien que*
aunque (+ subj.)	*même si*
a pesar de que (+ subj.)	*même si*
a pesar de (+ sustantivo)	*malgré*
por más que (+ ind. o subj.)	*avoir beau*
por mucho que (ind. o subj.)	*avoir beau*

por muy + adj. + que (ind. o subj.)	*avoir beau*
a no ser que (+ subj.)	*à moins que*
con tal que (+ subj.)	*si toutefois, à condition que*

Negación

no... sino	*ne... pas... mais*
no... sino que (delante de un verbo)	*ne... pas... mais*
no sólo... sino también	*non seulement... mais encore*
tampoco	*non plus*
ya no	*ne plus*
aún no	*pas encore*
todavía no	*pas encore*
ni siquiera	*ne... même pas*

Para matizar

por más señas	*plus précisément*
de hecho	*en fait*
en realidad	*en réalité*
lo cierto es que	*il est vrai que*
más bien	*plutôt*
por lo demás	*d'ailleurs*
es decir	*c'est-à-dire*
o sea	*c'est-à-dire*
sea... sea	*soit... soit*
unas veces... otras veces	*tantôt... tantôt*
a veces	*parfois*
a menudo	*souvent*
asimismo	*de même*
cada vez más	*de plus en plus*
con el fin de	*afin de*
quizás (+ subj.)	*peut-être*
tal vez (+ subj.)	*peut-être*
acaso (+ subj.)	*peut-être*
incluso	*même*
hasta	*même*
hasta que	*jusqu'à ce que*
apenas	*à peine*

II. Verbos útiles para el comentario

Accentuer	*acentuar*
ajouter	*añadir*
amener à une prise de conscience	*llevar a una toma de conciencia*
analyser	*analizar*
apprendre que (être informé)	*enterarse de que*
approuver	*aprobar (ue)*
atteindre	*alcanzar*
attirer l'attention	*llamar la atención*
Caricaturer	*caricaturizar*
commencer	*empezar (ie), comenzar (ie)*
comparer à	*comparar con*
composer (se) de	*constar de, componerse de*
concerner	*concernir (ie)*
conclure	*concluir*
conduire à	*llevar a, abocar a*
conseiller	*aconsejar*
constater	*comprobar (ue)*
contenter (se) de	*contentarse con*
continuer, poursuivre	*seguir (i) ; proseguir (i)*
contraster	*contrastar*
contribuer à	*contribuir a*
créer	*crear*
critiquer	*criticar*
croire	*creer*
Dater de	*datar de*
dater	*fechar*
déboucher sur	*desembocar en*
décrire	*describir*
déduire	*deducir*
déformer	*deformar*
dégager (se)	*desprenderse*
dénoncer	*denunciar*
déplaire	*desagradar*

désapprouver	*desaprobar (ue)*
désirer	*desear*
détacher (se)	*destacar(se)*
développer	*desarrollar*
deviner	*adivinar, intuir*
diviser (se)	*dividirse*
dramatiser	*dramatizar*
Ecrire	*escribir*
employer	*emplear*
engager (s')	*comprometerse*
entrevoir	*vislumbrar*
envisager	*enfocar, considerar*
éprouver	*experimentar*
essayer de	*tratar de, intentar, procurar*
être d'accord	*estar conforme, de acuerdo*
être sûr que	*estar seguro de que*
éveiller	*despertar (ie)*
évoquer	*evocar*
exagérer	*exagerar*
expliquer	*explicar*
exposer	*exponer*
exprimer	*expresar*
extraire	*sacar*
Faire allusion à	*aludir a*
faire connaître	*dar a conocer*
faire le compte rendu de	*reseñar*
faire prendre conscience	*concienciar*
faire remarquer	*señalar*
faire ressortir	*destacar, hacer resaltar*
Gêner	*molestar*
Horrifier	*horrorizar*
Illustrer	*ilustrar*
inciter à	*incitar a*
indigner	*indignar*

informer	*informar*
insinuer	*insinuar*
insister sur	*insistir en*
inspirer	*infundir*
introduire	*introducir*
inverser	*invertir (ie, i)*
Justifier	*justificar*
juxtaposer	*yuxtaponer*
Laisser de côté	*pasar por alto*
laisser entendre	*dar a entender (ie)*
lancer un cri d'alarme	*dar la voz de alarma*
Mettre en garde	*poner sobre aviso, alertar*
mettre en évidence	*evidenciar, poner de manifiesto*
mettre en relief, en valeur	*poner de relieve, de realce*
mettre en scène	*poner en escena*
mettre l'accent sur	*hacer hincapié en*
montrer	*mostrar (ue)*
moquer (se)	*burlarse*
Nier	*negar (ie)*
nuancer	*matizar*
Observer	*fijarse en*
opposer	*oponer*
oser	*atreverse a*
Parachever	*rematar*
partager	*compartir*
passer sous silence	*silenciar*
peindre	*pintar*
penser à	*pensar (ie) en*
placer devant	*anteponer*
placer	*colocar*
plaider pour	*abogar por*
plaire	*gustar, ugradar*
poser un problème	*plantear un problema*

prendre parti pour	*tomar partido por*
prendre une photo	*sacar una foto*
prévenir	*avisar, advertir (ie, i)*
produire	*producir*
promouvoir	*promover (ue)*
provenir	*provenir, proceder, nacer*
Raconter	*relatar, contar (ue), narrar*
railler	*mofarse de, escarnecer*
rappeler	*recordar (ue)*
recourir	*recurrir*
rédiger	*redactar*
référer (se)	*referirse (ie, i)*
régner	*reinar, imperar*
regretter 1. déplorer	*1 sentir (ie, i) = lamentar*
2. avoir la nostalgie de	*2 echar de menos = añorar*
relater	*relatar, narrar*
remarquer	*reparar en, notar, advertir (ie, i)*
remettre en question	*poner en entredicho, en tela de juicio*
rendre compte	*dar cuenta*
rendre + adj.	*hacer, volver (ue), poner*
renvoyer à	*remitir a*
reposer sur	*estribar en, radicar en*
reproduire	*reproducir*
ressortir	*resaltar*
resumer	*resumir*
réussir à	*lograr, conseguir (i)*
ridiculiser	*poner en ridículo, ridiculizar*
Scandaliser	*escandalizar*
sensibiliser	*mentalizar, sensibilizar*
souligner	*subrayar, recalcar*
sous-entendre	*sobrentender (ie)*
suggérer	*sugerir (ie, i)*
surprendre	*sorprender, extrañar*
symboliser	*simbolizar*
Tenir compte de	*tomar en cuenta*
tenir en haleine	*tener en vilo*
terminer	*acabar, terminar*

traduire — *traducir*
traiter de — *tratar de*
transmettre — *transmitir*
transparaître — *traslucirse*

Utiliser — *valerse de, usar, utilizar*

Vanter — *alabar, ponderar*

III. Verbos con preposiciones distintas del francés

a

aller dans, en (destination)	*ir a*
approcher de (s')	*acercarse a*
avoir l'odeur de	*oler (ue) a*
avoir le droit de	*tener derecho a*
avoir le goût de	*saber a*
avoir peur de	*tener miedo a*
avoir une connotation de	*sonar (ue) a*
être obligé de	*estar obligado a*
être passionné de	*ser aficionado a*
jeter dans	*tirar a, echar a*
monter dans	*subir a*
partir en (destination)	*marcharse a*
tomber dans	*caerse a*

con

accomplir	*cumplir con*
affronter	*enfrentarse con*
suffire (à qqn.)	*bastarle a uno con*
comparer à	*comparar con*
compter sur	*contar (ue) con*
faire attention à	*tener cuidado con*
rencontrer, tomber sur	*dar con*
rêver de	*soñar (ue) con*
se contenter de	*contentarse con*

de

apprendre (être informé)	*enterarse de*
avoir confiance en	*fiarse de*
devoir (probabilité)	*deber de*
échapper à	*escapar de, librarse de*
fuir	*huir de*
renier	*renegar (ie) de*

renoncer à	*desistir de*
travailler comme	*trabajar de*

en

consentir à	*consentir (ie, i) en*
croire à	*creer en*
dépêcher de (se)	*darse prisa en*
efforcer de (s')	*esforzarse (ue) en (o por)*
être pressé de	*tener prisa en*
faire confiance à	*confiar en*
hésiter à	*vacilar en*
insister sur	*insistir en*
inspirer de (s')	*inspirarse en*
mettre du temps à	*tardar en*
obstiner à (s')	*empeñarse en*
penser à	*pensar (ie) en*
remarquer, s'apercevoir de	*reparar en*

por

circuler sur, dans	*circular por*
courir dans	*correr por*
inquiéter de (s')	*preocuparse por*
intéresser à (s')	*interesarse por (o en)*
marcher sur, dans	*andar por, caminar por*
passer dans	*pasar por*
promener dans (se)	*pasear por*
rester à (+ un vb.)	*quedar por*
voyager en (région)	*viajar por*

de que

apprendre que	*enterarse de que*
avoir la sensation que	*tener la sensación de que*
convaincre que	*convencer de que*
être conscient que	*ser consciente de que*
être sûr que	*estar seguro de que*
profiter que	*aprovecharse de que*
rendre compte de (se)	*darse cuenta de que*
souvenir de ce que (se)	*acordarse (ue) de que*

IV. Algunos verbos sin preposición

accepter de	*aceptar*
avoir besoin de	*necesitar*
avoir l'habitude de	*soler (ue)*
avoir l'idée de	*ocurrírsele*
continuer à	*seguir (i), (+ ger.)*
décider de	*decidir*
efforcer de (s')	*procurar*
essayer de	*intentar, procurar*
faire semblant de	*fingir*
interdire de	*prohibir*
nuire à (qqch.)	*perjudicar (algo)*
ordonner de	*mandar*
permettre de	*permitir*
profiter de	*aprovechar*
promettre de	*prometer*
proposer de	*proponer*
reprocher de	*reprochar*
réussir à	*lograr, conseguir (i)*
se souvenir de	*recordar (ue)*
supporter de	*aguantar, soportar*
tenter de	*intentar*

Aubin Imprimeur
LIGUGÉ, POITIERS

Achevé d'imprimer en novembre 1997
N° d'impression L 55059
Dépôt légal novembre 1997
Imprimé en France